Native Speakerに
ちょっと気になる日本人の英語

山根キャサリン 著　　山根建二 訳

ひつじ書房

ちょっとまじめに英語を学ぶシリーズ
刊行のことば

　英語の習得には多大な時間と労力を要します。ところが書店には、「1日15分で」「おどろくほど簡単に」「面白いほど身につく」という具合に、いとも簡単に英会話ができるようになることを宣伝したり、特効薬のように英語力が向上することを謳っている書籍が多く見受けられます。このような書籍を、売らんかな商法の本であると批判することは容易なことですが、英語を学びたいという願望を多くの人が持っているということの現れでもあります。そうであるなら、このような状況に鑑み、お手軽にマスターできることを謳う方向とは逆の、コツコツまじめに英語を学びたい、やり直したい人に役立つ学習書を提供したいと私たちは考え、「ちょっとまじめに」シリーズを企画しました。このシリーズでは各執筆者の専門領域の知見と教育経験に裏打ちされた効果的な学習方法が、わかりやすく解説されています。専門的な知識に触れながら、かつ楽しく英語を学びたい人たちの一助となることができましたら幸いです。

2017年7月

赤野一郎・内田聖二

はじめに

　「カタコト英語でも broken English でも、心は通じる。」的な主旨の話はよく耳にしますが、やはり、それでは一歩踏み込んだ話はなかなかできません。できれば、自然で正しい英語を身につけたいと考えるみなさんもたくさんおられるでしょう。

　本書は、日本人がよくする間違いを、30年以上にわたり日本に住み、英語を教えてきたアメリカ人という立場で気づいたものを綴ったものです。一般に、英語でのコミュニケーションでは、lとrなどの発音面を強調する人も多いですが、私は、それ以上に、語彙や語法の間違いがミスコミュニケーションにつながっていると考えます。

　Part I では、語彙の間違い、Part II では語法の間違いを取り上げました。本書の中で、　　　　　　　で囲んだ英語は「間違った」英語です。ここでいう「間違い」とは、日本に住んだことのない native speaker たちには、まったく通じない「間違い」から、日本に住んでいるからこそ、一応通じるには通じるけれども、少し違和感を感じたり、思わず笑みを誘ってしまうような軽い「間違い」まで含んでいます。

　もちろん、限られた紙面ですから間違いを網羅することなどできませんが、私がこれまで何年間にもわたり、よく目にし、耳に

してきた、日本人がする典型的な間違いをできる限り多く集めました。外国人観光客が急増し、東京オリンピックも近づくなか、少しでも正しい英語を使ったコミュニケーションを望む人たちが増えているのを実感しています。本書が、少しでもそういうみなさんのお役に立つことができれば幸いです。

　本書を編集するにあたって、奈良大学の内田聖二先生には、数々の貴重なアドバイスをいただき、また、ひつじ書房の松本功氏には様々な点でご協力をいただいたことを感謝申し上げます。そして数々の質問に答えてくれたアメリカ、イギリスに住む友人たちの協力なくしては、本書の完成はありませんでした。最後になりましたが、本書を日本語に直すにあたり、人生の良き友であり夫でもある Kenji とは、何度も話し合いました。（ふたりにとって、「目から鱗」的なことも多々ありました。）英語教師としての彼の意見も多く取り入れて「翻訳を超えた翻訳」を彼にお願いし、ようやく完成に至りましたことを大変嬉しく思います。

2019 年 1 月 20 日

Kathleen Yamane

目次

よく見られる語彙のミス

外来語と和製英語

カタカナ語をそのまま英語として使用して起こる間違い

　外国語の単語が自国の言葉として使われる例は、多かれ少なかれどの言語にも起こる現象です。例えば、英語の中にも日本語から取り入れられた単語がいくつもあります。karate（空手）、sushi（寿司）は皆さんもご存知でしょう。最近では manga（マンガ）や anime（アニメ）といったものから、sudoku（数独）や edamame（枝豆）や panko（パン粉）などその例は多岐に渡ります。そして、取り入れられる際に、発音が自国の言語で発音しやすいように変化します。そのため、本来の発音とはずいぶんと異なる場合もあります。例えば、karaoke（カラオケ）を例にとると、アメリカでは carry-OH-key のように発音され、日本人にはとても聞き取りにくくなります。変化するのは発音だけでなく、意味に及ぶこともあります。例えば、kimono（着物）は、その意味する範囲が大きく、本当の着物から浴衣やチャンチャンコのようなもの、さらにはディスカウントショップで買うことのできるような安物のコットンのローブみたいなものまで、何もかも kimono として処理されているのが現実です。町を歩くと FUTON という看板を目にすることがよくあります。これは、日本語の布団から取り入れられた言葉ですが、たいていは木枠のソファーベッドのことを意味します。普段はソファーとして使用し、来客が

ベッドとしても使用できるようにしたものです。例を挙げると枚挙にいとまがありません。

このように、多くの単語が日本語から英語に取り入れられていますが、自国の言語に入っている外来語の数でいうと、おそらく、日本（語）の右に出る言語はないでしょう。つまり、日本語における外来語の数は、他国の例と比べると驚くべき数です。その中でも、英語からの外来語が圧倒的に第1位を占めます。

日本語に入った外来語も発音だけでなく、本来の意味を失い異なったものをさすことが多々あります。そして変化した意味を本来の意味と思い込んだミスがよく見られます。

スケジュール、クレーム、テンションなど

それでは、次の例を読んで、間違いを訂正してください。

1. **すみませんが、明日はスケジュールがあって無理です。**

   Sorry, I can't go tomorrow. I have a schedule.

> 日本語では「予定がある」という意味で「スケジュールが入っている」、「スケジュールがある」のように言うことがありますが、schedule とはあくまで予定表のことで、その枠の中に具体的な予定（plan）や用事（something to do）があると考えましょう。

2. 今度の仕事はおもしろいのですが、クレームをつけてくる人もいて、その時はストレスを感じます。

My new job is interesting but when someone makes a claim, I feel stressed.

> claimには「文句・不平・不満」という意味はありません。日本語では「文句を言う」という意味で「クレームをつける」と言いますが、claimは「要求（する）」「主張（する）」と理解しましょう。「自分の権利として要求をする」が転じて「文句を言う」になったのでしょう。英語で「文句・不平・不満」はcomplaintと言います。

3. 彼はいつもテンションが高くて、人気者です。

Everybody loves him because his tension is always high.

> 日本語で、気分が高揚して興奮している状態を「テンションが高い」としますが、これは、特に若者たちの間にみられる最近の言葉です。逆に気分が落ち込んでいたり、元気がないのを「テンションが低い」と言うのも耳にします。ところがtensionの本来の意味は、「張りつめた雰囲気」とか「緊張」という意味なのです。
>
> His tension is high.
>
> は、「彼はとてもストレスがたまっている。」とか「彼はとても緊張している。」のように誤解されてしまうでしょう。ただし、英語で「彼は緊張している」と言

う時には、名詞の tension では無く形容詞の tense を使用し、

He is tense.

と言います。「彼はいつもハイテンションだ。」を

He is always high tension.

と訳しても、「彼はいつも高い緊張だ。」と意味をなさない英語になります。

　気分が高揚したり興奮したりしている状態は、energetic, excited, in good spirits, hyper, hyperactive などで表します。ほかにも、peppy や full of beans など「元気いっぱいだ」という表現は数多くあります。

4. うちの家族は、メニューが豊富なのでそのレストランを気に入っています。

My family likes that restaurant because it has a lot of menus.

日本語で「メニューが多い」「メニューが豊富だ」と言いますが、メニューそのものは 1 つで、その中に示されている料理の種類がたくさんあると考えましょう。

5. 用紙 2 枚にサインを頂きたいのですが。

I need to get your sign on a couple of forms.

sign には動詞で「署名する」という意味があり、その名詞形は signature です。sign は名詞としても使用

できますが「合図」や「記号」という意味になります。ちなみに「有名人にしてもらうサイン」はauto-graphと言います。

6. そのカレー店の客のほとんどがリピーターだ。

Most of the customers at that curry restaurant are repeaters.

同じ店に何度も足を運ぶいわゆる「お得意さん」「常連客」のことを、よく「リピーター」と言いますが、これはリピーターという語がそのまま英語から入ってきたのではなく、日本でrepeatにerをつけて作った語です。ですから英語では通じません。英語で表すなら、regularあるいはpatronを使います。

7. いとこが来た時、一緒にケーキバイキングに行きました。

We went to a cake viking when my cousin was here.

ホテルなどで朝食によく見かける、各自で自由に取って食べることのできる「バイキング料理」は英語ではbuffetあるいはsmorgasbordと言います。buffetの発音はアメリカではfetの部分を強く発音して「バフェイ」のように発音されます。smorgasbordはスエーデンから英語に入った言葉ですが、morの部分を強く発音して「スモーガスボード」のように発音します。最近では、日本でも「バイキング」とは言わずに

「ビュッフェスタイル」と言うようになり、もう皆さんにもおなじみの表現ですね。なお、アメリカやイギリスには「ケーキバイキング」そのものが存在しません。そのため、英語に直しにくいですが、いわゆる「食べ放題」（all-you-can-eat）と組み合わせて、all-you-can-eat cake buffet としましょう。

8. 風邪をひいた時はマスクをした方がいいですよ。

You should wear a mask when you have a cold.

アメリカ人やイギリス人がmaskという語を聞いて、まず頭に思い浮かべるのは、ハロウィーンなどで顔にかぶる「面」や「仮面」です。彼らが日常生活でマスクをつけることはほとんどありません。あえて英語に直せば、外科医が手術時につける「外科用のマスク（surgical mask）」です。私たちは花粉が飛びかう時期には早めにマスクをしますが、そのような習慣の無い欧米人は日本人がマスクをしているのを見て、ギョッとすることがあります。

9. 友達が小さなヨットを持っているので、2人でよくセーリングをします。

My friend has a small yacht, so we sometimes go sailing together.

日本では大きなものも小さなものも帆船は全てヨット

ですが、英語でyachtというと、通常、個人が所有する何人も宿泊できるとても豪華なクルーザーを指します。たいていはエンジンで走行し帆船を意味することはまれです。ですから、例文のようにa small yachtというのはありえません。帆船は通常sailboatと言います。

10. 12名の委員会で、男性がたった2名とは、なんというアンバランスだ。

There are only two men on the committee of 12. What an unbalance!

日本語では、バランスが取れていない状況を「アンバランスな状況」と言いますが、unbalanceは通常unbalancedという形容詞形で使用します。そして、その意味は、「精神的に不安定な状態」ということになります。例えば、

The person was mentally unbalanced.

のように使い、「その人は、精神的に不安定だった。」という意味です。

なお、日本語の「アンバランス」は英語ではimbalanceと言います。

それでは、1〜10の英語を正しく書き直しましょう。

1. Sorry, I can't go tomorrow. I have *plans / something to do.*

2. My new job is interesting but when someone *makes a complaint / complains,* I feel stressed.

3. Everybody loves him because he is always so *energetic / active.*
   or
   Everybody loves him because he is always *in such good spirits.*

4. My family likes that restaurant because it has *a great menu / a lot of dishes.*

5. I need to get your *signature* on a couple of forms.

6. Most of the customers at that curry restaurant are *regulars / regular customers / patrons.*

7. We went to an *all-you-can-eat cake buffet* when my cousin was here.

8. You should wear a *surgical mask* when you have a cold.

9. My friend has a small *sailboat,* so we sometimes go sailing together.

10. There are only two men on the committee of 12. What an *imbalance!*

住居に関する語彙

　次の1〜8の例は、住居やその中に見られるものに関する外来語を用いた英文です。間違いを訂正してください。

1. 彼らは駅の反対側のマンションに住んでいます。

They live in a mansion on the other side of the station.

英語でmansionは、「大邸宅」を意味します。ですから、
　I live in a mansion.
と言うと、「（一戸建ての）お屋敷に住んでいる」という意味になりますので気をつけましょう。先程のyachtと共通した感覚です。
　日本語でいう「マンション」はアメリカ英語では、condominium / condo（分譲マンション）やapartment（賃貸アパート）と言います。ちなみに、イギリス英語ではflatです。

2. 私たちは、台所をリフォームすることにしました。

We decided to reform our kitchen.

reformは「社会や制度」を改革する時に用いる言葉です。つまり、political reformとかsocial reformという使い方です。他にも「犯罪者や非行少年・少女を改心させる」という意味に使用されることがありますが、「住居の改築など」には、けっして使用しません。住居の場合には、remodelという語を使うことが多

いですが、完全な建て替えなどには、renovate など
を使用します。renew という動詞は、普通、定期券や
運転免許証などを新しく更新する場合などに使用しま
す。ちなみに、店舗などでよく目にする Renewal
Open という言葉は、Open を名詞形にして、Renewal
Opening とすれば理解はされますが実際にはあまり
見かけない英語です。

3. 少し肌寒いので、ストーブをつけてください。

It's chilly in here. Turn on the stove.

暖房器具は stove ではなく、heater と言います。stove
とは台所にある調理用のコンロあるいはコンロとその
下にある oven を合わせたもののことです。

4. レンジで調理可能と書いてあります。

It says we can cook it in the range.

電子レンジは英語では、microwave oven か単に mi-
crowave と言います。
　range も通常は stove と同様の意味で使用されます。
ちなみに、電子レンジで調理する時に言ういわゆる
「チンする」という口語表現にあたる英語は、nuke や
zap という語を使用し、You can nuke it. とか I'll zap
it. などと言います。nuke は nuclear（原子核の）の

動詞で「核攻撃をする」といういささか乱暴な表現のように感じられますが、普通に使用しています。zapも（武器などで）相手を瞬時に打ちのめすような言葉ですが、これも平気で使用しています。

5. 彼は、出かける前によくクーラーのスイッチを切るのを忘れます。

He often forgets to turn off the cooler before going out.

coolerは英語ではキャンプなどに持って行く「クーラーボックス」のことを意味します。英語では、cooler boxとは言わずに単にcoolerと言います。

冷房にはair conditionerやair conditioningという語を使用します。暖房器具としては使用できない冷房のみの場合でも、air conditioner（空調）と言うのでそのように理解しておきましょう。

6. 電話を充電したいのですが、この部屋にコンセントはありますか？

I want to charge my phone. Is there a consent in this room?

consentは「同意（する）・承諾（する）」という意味で、家の中にある電気のコンセントの意味ではありません。元来は、concentric plugという英語を短くして、コンセントとなったようですが、そのconcentric plug

も現在では使われません。コンセントはアメリカ英語ではoutlet、イギリス英語ではsocketと言います。

7. 弟が自分の部屋に置くフロアスタンドを買った。

My brother bought a floor stand for his room.

日本では床に置く電気スタンドをフロアースタンドと呼びますが、英語ではfloor lampと言います。また、机上に置く電気スタンドはdesk lampそしてテーブル用のスタンドはtable lampと、いずれもstandではなくlampという語を使用します。

8. キッチンペーパーが無くなりかけています。

We are almost out of kitchen paper.

kitchen paperもいかにもありそうな語ですが、アメリカではpaper towels、イギリスではkitchen rollと呼びます。

それでは、1〜8の英語を正しく書き直しましょう。

1. They live in an *apartment* / *a condo* on the other side of the station.

2. We decided to *remodel* our kitchen.

3. It's chilly in here. Turn on the *heater*.

4. It says we can cook it in the *microwave*.

5. He often forgets to turn off the *air conditioner* before going out.

6. I want to charge my phone. Is there an *outlet* in this room?

7. My brother bought a *floor lamp* for his room.

8. We are almost out of *paper towels*.

学校に関する語彙

　次に、教育や学校などに関する例をいくつか並べてみました。よく見られる間違いばかりです。訂正してください。

1. **先生は毎回、授業の最初にプリントを配ります。**
   The instructor distributes prints at the beginning of every lesson.

   > 日本語では「プリント配布」という表現がありますが、英語では print とは言わずに、handout と言う語を用います。英語で print と言えば、通常、焼き付けられ

た写真のことを指します。

2.（運転免許を取るには）ペーパーテストと実技試験があります。

To get a driving license, you have to pass a paper test and a driving test.

「ペーパーテスト」は英語では、written test や written examination と言います。

3. その学校はマークシートの入試があります。

That school has mark sheet entrance exams.

「記述式のテスト」に対して、選択式のコンピュータで採点するテストのことを「マーク式テスト」や「マークシートテスト」と表現するのは皆さんにもおなじみですが、英語では全く通じません。英語では、computer-scored test や computer-graded test のように表現されます。マークシートの用紙は、computer-scored / computer-graded answer sheet となります。

4. 先生方は、カンニングに対しては厳しい方針を持っています。

The teachers have a strict policy about cunning.

> cunning は「抜け目のない」「狡猾な」という意味の
> 形容詞です。テストでの不正行為は、cheating と言
> います。ちなみに、cheat は「騙す」という意味です。

5. サークルに入りたいのですが、どれにすべきか決められません。

I want to join a circle but I can't decide which one.

> 確かに circle は、「円」のほかに興味や趣味などを共
> 有した人々が作るグループや団体のことを指します。
> 例えば、アメリカの中高年の女性たちが、knitting
> circle（編み物サークル）を作ったり、友人同士で、
> reading circle（読書サークル）を作ったりすること
> はよく見かけますが、残念ながら、日本の大学に見ら
> れる、「クラブ」に準ずる「サークル」は英語で表現
> する場合は、club で結構です。他にも association や
> organization という語でも理解されるでしょう。

6. 私たちのバンドは来月ライブをします。

Our band has a live next month.

> 「ライブをする」の live は形容詞や副詞として使用し
> ます。ですから、形容詞として live performance や

live concertと言えば通じる英語になります。副詞として使うときは、例えば、

We saw him perform live when we were in New York.（ニューヨークで彼のコンサートを生で見た。）

のように使います。この時のliveの発音は［liv］（リヴ）ではなく ［laiv］（ライヴ）となります。

7. 友人のめぐみはバスケットボール部のマネージャーです。

My friend Megumi is the manager of the basketball team.

英語でmanagerは「経営者」「管理者」「支配人」「監督者」のように、仕事で指図する立場の人のことを指します。日本のクラブ活動で見られるような水を運んだり、ユニフォームの洗濯をしたり、選手の世話をするような人のことをさす言葉ではありません。ですから、バスケットボール部のmanagerは「監督」を意味することになります。よく似た意味合いでwater boyやtowel boyと呼ばれる試合中の給水係的な役割も無いわけではありませんが、日本のクラブ活動に見られる「マネージャー」のように、選手の世話役をする立場という役割は欧米のクラブにはまず見られないといって差し支えないでしょう。もし英語で「マネージャー」を表現するなら、動詞 help out を使って「手助けをする役割」とでも言って理解してもらいましょう。

8. 小学校の時、休み時間によく友達とグラウンドで遊んだ
   ものです。

   In elementary school we used to play with our friends on the
   ground during the break.

   > groundという語の意味は、「地面」「土」です。小
   > 学校の「運動場」を表す時には、複合語でschool
   > groundやplaygroundと言いましょう。中学や高校
   > などになると、より大きなfieldがそれぞれの学校に
   > いくつかあります。

9. シャープペンシルを使用してもよいですか?

   Is it okay to use a sharp pencil?

   > 英語でsharp pencilと言えばそれは、「芯のとがった
   > 削りたての鉛筆」という意味になります。シャープ
   > ペンシルは、英語ではmechanical pencilと訳されま
   > すが、日常生活の中ではボールペン（cf. p.47）を使
   > 用することがほとんどで、鉛筆やシャープペンシル
   > はあまり使用されません。そのため、インクではな
   > く、芯のある物は鉛筆もシャープペンシルも合わせて
   > pencilと呼ぶのが実情です。

10. 提出するレポートは必ず表紙をホッチキスでとめてくだ
    さい。

「ホッチキス」は英語では stapler と言います。The E. H. Hotchkiss Company がホッチキスを売り出したことから日本ではそう呼ばれています。アメリカでも Hotchkiss という商標名はあるのですが、これではまず通じません。stapler の動詞形の staple を使用して、staple A to B、あるいは staple A and B として、「A と B をホッチキスでとめる」のようにすることもできます。「レポート」はちなみにイギリスでは essay と言います。

では、1〜10 を正しい英語に直しましょう。

1. The instructor distributes *handouts* at the beginning of every lesson.

2. To get a driving license, you have to pass a *written test* and a driving test.

3. That school has *computer-scored* entrance exams.

4. The teachers have a strict policy about *cheating*.

5. I want to join a *club* but I can't decide which one.

6. Our band has a *(live) concert* next month.

7. My friend Megumi *helps out* the basketball team.

8. In elementary school we played with our friends on the *playground* during the break.

9. Is it okay to use a *(mechanical) pencil*?

10. You should attach a cover to your report with a *stapler*.
    or
    You should *staple* a cover to your report.

ファッション関連語

　次に示す例は、いずれもファッションや化粧品に関するものです。いかにも英語らしく見えますが、間違っています。間違いを訂正してください。

1. 旅行に着ていくのに、新しくワンピースを買いました。

   I bought a new one piece for my trip.

   > one piece という英語はあるのですが、女性の水着の種類を表します。ビキニ（bikini）に対して、ワンピース（one piece）があります。洋服の場合には、dress を使用しましょう。

2. 寒くなるかもしれないので、ジャンパーを持って行った
方がいいよ。

It might get chilly. You should bring a jumper.

> jumper はアメリカ英語では女性用の袖なしのドレス
> を、イギリス英語ではセーターを意味します。日本語
> の「ジャンパー」は英語では jacket や light coat です。

3. トレーナーとスウェットパンツを持って来るように言われ
ました。

We were told to bring a trainer and sweat pants.

> スウェットやトレーナーのつもりで、trainer と言うと、
> 「訓練（train）をする人」という意味になります。英
> 語では sweatshirt と言いましょう。ちなみに、学校で
> 体育の授業で着るトレーニングパンツやトレーニング
> シャツを短くして「トレパン・トレシャツ」と言いま
> すね。ところが training pants は赤ちゃんがおしっこ
> のトレーニングをするためにはくパンツです。おしめ
> を終えて次の段階で使うものです。決して体育の授業
> で身につけるものではないので気をつけましょう。そ
> して、training shirt なるものはありません。

4. 腕が太いので、ノースリーブは着られません。

I can't wear no-sleeve shirts because my arms are too fat.

ノースリーブを訳して、no-sleeve と言っても英語にはなりません。英語では、sleeveless という語で表します。他にも、long-sleeved, short-sleeved, three-quarter length sleeved（七分袖）などの種類も覚えておきましょう。

5. あら大変！パンストが無いわ。

Oh, no! I don't have any panty stockings.

パンスト（パンティーストッキング）は英語ではpantyhose と言います。会話では、stockings ですませることもしばしばありますが、正確に言えば、stockings とは、太ももまでの長さの薄いナイロン生地の靴下です。socks はいわゆる靴下のことで、足首を隠すくらいの長さのものです。ちなみに、サンタクロースがプレゼントを入れてくれるのは、Christmas stockings です。Christmas socks ではないことも覚えておきましょう。

6. このパジャマはフリーサイズと書いてあるのに、とても小さく見える。

It says these pajamas are free size but they look really small.

たいていの人が着ることのできるサイズ（分かったような分からないような話ですが）をフリーサイズと呼

びますが、英語ではone-size-fits-all という表現になります。この表現は意味が転じて「たいていの人に受け入れられる」という意味でも使用されます。つまり、「よくも悪くもない」「平凡な」という意味合いです。例えば、one-size-fits-all solution や one-size-fits-all approach と言えば、「細かい込み入った事柄を無視したおおざっぱな解決方法」という意味になります。（cf.p.42）

7. 2 人は出かけるときはよくペアールックで揃える。

Those two often wear pair look when they go out together.

pair lookは英語では通じません。欧米では、小さな子どもの兄弟姉妹たちが同じ服装をすることはあっても、大人のカップルが同じ服装をすることは普通ありません。子どもの場合のmatching outfits という表現を用いれば、やや奇妙な響きになりますが、理解はされるでしょう。

8. その店は化粧品がとても安いので、チークを買いたい。

Cosmetics are cheap at that shop. I want to pick up some cheek.

cheekは顔の「頬（ほほ）」という意味で、頬にぬるチークはcheekではなく、blush と言います。なお、blushは動詞として使うと「頬を赤らめる」という意味です。

では、1〜8の英語を正しく書き直しましょう。

1. I bought a new *dress* for my trip.

2. It might get chilly. You should bring a *jacket*.

3. We were told to bring a *sweatshirt* and sweat pants.

4. I can't wear *sleeveless shirts* because my arms are too fat.

5. Oh, no! I don't have any *pantyhose / stockings*.

6. It says these pajamas are *one-size-fits-all*, but they look really small.

7. Those two often wear *matching outfits* when they go out together.

8. Cosmetics are cheap at that shop. I want to pick up some *blush*.

自動車関連語

　次に自動車に関する例を取り上げたいと思います。これらも、日常、私たちはカタカナで用いているので、正しい英語だと思いがちなものです。

1. 運転中は、ハンドルから手を離さないように！

自動車のハンドルは、handle ではなく steering wheel と言いますが、単に、wheel と言うこともあります。車輪も wheel(s) なので、wheel だけではどちらか分からない時には、steering wheel を使用します。ちなみに、自転車のハンドルは handlebar です。

2. フロントガラスが汚れているので、洗車しましょう。

The front glass is filthy. Let's wash the car.

フロントガラスは、アメリカ英語では windshield で、イギリス英語では windscreen と言います。どちらにせよ、front glass は通じません。

3. バックミラーを見てごらん。後続車の女の子がこちらに手を振ってるよ。

Look in your back mirror. The girl in the car behind us is waving to us.

運転席の所にあるバックミラーは、rear view mirror と呼ばれます。そしてドアミラーは、side view mirrors です。back mirror も door mirror も残念ながら通じません。

4. あの車、君に気づいてないよ。クラクションを鳴らして。

That guy hasn't noticed you! Use the klaxon!

> クラクションを英語でつづると klaxon ですが、klax-on はもともとは自転車のハンドルや乗り物などに取り付ける、たいていはラッパのような形をした、警笛の商標名でした。この klaxon という語は、日本語だけでなく、フランス語、スペイン語、ロシア語など様々な言語で、自動車の警笛（クラクション）として使用されていますが、残念ながら、英語では horn で、klaxon ではありません。

5. ガソリンがほとんどない。ガソリンスタンドを探そう。

We're almost on empty. Look for a gasoline stand.

> ガソリンは、英語にすると gasoline で正しいのですが、通常、アメリカでは gas と短縮した形で、イギリスでは petrol が用いられます。ガソリンスタンドは、アメリカでは gas stand ではなく gas station と言い、イギリスでは petrol station や filling station といずれも station が使われています。

6. どうしてそんなにアクセルを踏むの？ここは制限速度40だよ。

Why are you stepping on the accel? The speed limit here is

only 40.

> アクセルは英語では accelerator です。動詞 accelerate（加速する）の派生語ですが、日常生活ではおもしろいことにガソリンを意味する gas という語を accelerator の代わりに使用します。ちなみに、「ブレーキを踏む」は step on the brakes と複数形で使用します。

では、1〜6 を正しく書き直しましょう。

1. Don't take your hands off the *steering wheel* when you're driving!

2. The *windshield* is filthy. Let's wash the car.

3. Look in your *rear view mirror*. The girl in the car behind us is waving to us.

4. That guy hasn't noticed you! Use the *horn*!

5. We're almost on empty. Look for a *gas(oline) station*.

6. Why are you stepping on the *gas*? The speed limit here is only 40.

日本で使用している自動車に関する用語のほとんどはカタカナ

で表す外来語ですが、アメリカ英語から入ったものとイギリス英語から入ったもの、それに日本で作り上げられたものが混在している状態です。例えば、トランクはアメリカ英語の trunk で、イギリスでは boot と呼ばれています。逆に、ボンネットはイギリス英語の bonnet で、アメリカ英語では hood と呼ばれます。他にも、イギリス人には通じてもアメリカ人に通じない例があります。例えば、日本で Royal Saloon や Living Saloon など saloon と名付けられた自動車があります。イギリスでは、saloon は自動車のセダンを表す言葉なのですが、アメリカ人は saloon と言えば西部の田舎の安酒場を想像し、変な具合になります。このように、自動車用語はアメリカ英語とイギリス英語が混在しています。でも、ハンドルはアメリカでもイギリスでも steering wheel か単に wheel です。つまり、自動車のハンドルは日本で作り上げた語です。

　覚えるときは、できれば、アメリカ英語かイギリス英語かどちらかに統一して覚えておきたいものですが、少なくとも、日本で作り上げた用語は使わないように気をつけましょう。

　少し、話はそれますが、日本語の感覚では運転手の座る位置は、ハンドルの前でしょうか？それとも後ろでしょうか？

　当然、ハンドルの真ん前に座りますよね。英語では、

Who's sitting behind the wheel?（誰が運転してるの？）

と「ハンドルの後に座る」ことになります。少し話が脱線してしまいました。

'Made in Japan' 英語

　ここまでは、英語から日本語に入った語を本来の意味とは違う意味で使用してした間違いをおもに取り上げましたが、他にも英語らしく聞こえるけれども日本で勝手に作り上げてしまった語もたくさんあります。特にこれらの語は、ネイティブの人たちが理解するには困難です。次にそういう例をいくつか紹介します。

次の 1 〜 12 の英語の間違いを訂正してください。

1. 電話で注文したらどうですか？フリーダイヤルだし。

Why don't you call and order one? It's free dial.

> 0120 などのフリーダイヤルは英語では toll-free number もしくは toll-free call と言います。

2. ホテルのフロントで 8 時に会いましょう。

Let's meet at the hotel front at 8:00.

> ホテルのフロントは正しくは hotel reception, reception desk もしくは front desk. です。

3. 空港で有名な TV タレントに会って、興奮してしまいました。

I was so excited to see a famous TV talent in the airport!

> TV タレント、テレビタレント、タレントのようにテ

レビ番組に出演する有名人を表す言葉がありますが、英語でこれに相当する語として挙げるとすれば、TV celebrity, TV star, television personality などになります。しかし、トークショーなどの番組の出演者のことを言う時にこれらの表現を使うことはむしろめずらしく、たいていは彼らの職業を示す語である「俳優（actor, actress）、歌手（singer）、コメディアン（comedian）」とより具体的に示します。日本では、そのどれにも属さない「タレント」という職業領域があるようですが、その現象は日本独特のことだと考えた方がよさそうです。

　ついでに、celebrity は「有名人」という意味で、日本語で言うところの「セレブ」と意味合いが異なります。日本で「セレブ」と言えば、有名である必要はなく、とても裕福な人たちのことを指しています。これも、英語から入ってきて意味が変化した語の例です。

4. 母は（外出するより）家でワイドショーを見る方が好きです。

My mother prefers to stay home and watch the wide shows.

ワイドショーを wide show と表現しても全く通じません。同様の番組はアメリカ、イギリスにも見られますが、これらは talk show と呼ばれています。以前は morning talk show だけでしたが、最近ではこの種の番組は一日中、放映されていて、単に talk show と呼

ばれるようになりました。

5. 免許は 3 年前に取得したのですが、実はペーパードライバーです。

I got my license three years ago but actually I'm a paper driver.

「ペーパードライバー」を paper driver と英語にしても意味をなしません。

　日本語の「ペーパードライバー」に相当する語は英語にはありません。おそらく、日本のように「免許は持っているけれど実際に運転することがない」という人がほとんどいないからでしょう。「ペーパードライバー」を英語で表すには、「免許は持っているけれど実際に運転することがない」と説明するしかありません。

6. 念のためにモーニングコールをお願いした方がいいですよ。

You should request a morning call to be on the safe side.

ホテルでの「モーニングコール」は英語では、wake-up call と言います。最近では、携帯電話やスマートフォンにアラーム機能があり「モーニングコール」そのものが無くなりつつあるというのが現状で、そのうちに「モーニングコール」という言葉も使われなくなるでしょうし、英語でも wake-up call は何年か先には死語になるでしょう。

7. モーニングサービスを探そうよ。腹ぺこだ。

Let's look for a morning service somewhere. I'm really hungry.

> 喫茶店やカフェなどで見られる「モーニングサービス」は、完全に日本語です。もし英語で、morning serviceと言えば、なにか教会の朝のお祈りのような言葉になります。英語では、breakfast specialと言いましょう。

8.「このポテトチップは頼んでないですよ。」
「それはサービスです。」

"We didn't order these chips."
"They're service."

> 店やレストランなどで、無料で提供される物や値引きのことをよく「サービス」と言いますが、英語のserviceにはそのような意味はありません。おそらく、serviceの中に「接客」「もてなし」という意味があるので、そこから転じたものでしょう。英語では、無料で提供される物はcomplimentaryとかThis one's on the house.（「これは店のおごりです。」）などと言います。

9. オーダーストップになる前にもう一本ビールを注文しよう。

Let's get another beer before the order stop.

last order や final order という言葉は確かにあります
が、日本で見られるほど頻繁には使われません。イ
ギリスのパブでは、バーマン（barman）が 'Last
orders!' と大きな声で言って、閉店前の最後の注文を
とることがありますが、アメリカでは、waiter（wait-
ress）や server がテーブルまでやって来て、「店は 10
時に閉まるけれども、さらに注文したい物があります
か。それとも check（請求書）を持ってきましょう
か?」などと言って客に閉店時間が近づいていること
を示唆するくらいのことです。

　ここでは last call（最後の注文）としておきましょう。

10. 今夜はワインは飲まない。ドクターストップなんだ。

No wine for me tonight! Doctor stop.

doctor stop という英語は存在しません。たいていは
The doctor told me not to drink too much.（医者に
アルコールを控えるように言われている。）と言葉で
説明しますが、「ドクターストップ」と言うかわりに
「医者の命令」doctor's order としても通じます。

11. シアトルにいる間にナイターを観戦したい。

I want to see a nighter while I am in Seattle.

このごろは日本でも「ナイター」と言わずに「ナイト

ゲーム」と言うことが多くなってきましたが、たしかに nighter は英語では通じません。night game が正しい英語です。ちなみに、徹夜で勉強したり仕事したりすることや人を all-nighter と言います。

12. ベビーカーを押しながらの電車は大変だから、車で行きましょう。

It's too hard to go by train with the baby car. Let's drive.

日本では「乳母車」を「ベビーカー」と呼びますが、残念ながらこれもそのまま英語にはできません。小さな赤ちゃん用のものはアメリカでは baby carriage、イギリスでは pram と呼び、もう少し大きくなった赤ちゃんが座って乗るイス式になったものは、アメリカでは stroller、イギリスでは pushchair と呼びます。

では、1 ～ 12 の英語を正しく書き直しましょう。

1. Why don't you call and order one? It's *a toll-free number / call.*

2. Let's meet at the *reception desk* at 8:00.

3. I was so excited to see a famous *TV celebrity / star* in the airport!

4. My mother prefers to stay home and watch the *(morning) talk*

shows.

5. I got my license three years ago but *I don't drive.*

6. You should request a *wake-up call* to be on the safe side.

7. Let's look for a *breakfast special* somewhere. I'm really hungry.

8. "We didn't order these chips."
   "They're *on the house / complimentary.*"

9. Let's get another beer before the *last call.*

10. No wine for me tonight! *Doctor's orders.*

11. I want to see a *night game* while I am in Seattle.

12. It's too hard to go by train with the *stroller / baby carriage.*
    Let's drive.

英語以外の外来語を英語と思い込むことによる間違い

　カタカナは外来語を表現するために使用されることが多いですが、カタカナでもそれが英語だとは限りません。実は英語以外のものも多数あります。せっかく素晴らしい英語を話しているのにカタカナ語が英語以外の言語だったために正しく伝わらないこともよくある

のです。典型的なものをいくつか紹介します。

次の文を考えてみましょう。

1. 先生の研究のお手伝いでアンケートをとるように頼まれた。
   We were asked to do an *ankēto* to help our teacher with her research.

2. 私たちのコーラスは3年続けて音楽コンクールに出場した。
   Three years in a row our chorus went to the music *konkūru*.

3. あの店のマロンケーキとシュークリームはおいしいよ。行きましょうか？
   That shop has wonderful *maron* cakes and *shūkurīmu**. Shall we go in?

4. 私の母はピーマンと牛肉でおいしい料理を作る。
   My mom makes a tasty dish with *pīman* and beef.

　1から4のイタリック体の語はすべてフランス語に由来するもので、英語の native speaker には正しく伝わりません。フランスはグルメの国ということからかもしれませんが、食に関する語が多く見られます。上記の語を英語で表現すると次のようになります。

	カタカナ語	英語	フランス語
1	ankēto	survey; questionnaire	enquête
2	konkūru	competition; contest	concours
3	maron	chestnut	marron
	shūkurīmu*	cream puff	chou à la crème
4	pīman	pepper	piment

*シュークリームをそのまま英語にすると、shoe cream（靴クリーム）になるので要注意！

次にドイツ語から入ってきた外来語を紹介します。

1. 今日は6時から10時までアルバイトがあるので、一緒には行けません。

   I can't go with you tonight. I have *arubaito* from six to ten.

2. 先生はレポートのテーマを来週まで言ってくれません。

   The professor won't tell us the *tēma* of the report until next week.

3. 彼はカルテを見たいと言ったが、病院のルールに反すると言って断られた。

   He asked to see his *karute* but was told it was against hospital policy.

4. 腕が骨折しているかもしれないので、レントゲンを撮る必要があります。

   Because your arm might be broken, you should get a *rentogen*.

よく見ると、歴史的な背景のためか学問的な語や医学に関するものが多いですね。これを英語にすると、下のようになります。

	カタカナ語	英語	ドイツ語
1	arubaito / baito	(part-time) job	Arbeit*
2	tēma	theme [θíːm]; topic	Thema
3	karute	medical records	Karte
4	rentogen	X-ray	Röntgen

*ドイツ語でArbeitはアルバイトではなくfull-timeの仕事を意味します。cf.p.48

allergy（アレルギー）やenergy（エネルギー）も注意を要する語です。「アレルギー」「エネルギー」と発音するとドイツ語発音に近く、英語のnative speakerにはなかなかうまく伝わりません。英語発音ではgyの部分がjiの音になります。「アレジー」や「エナジー」のように発音され、発音記号で表すとallergy[ǽlɚʤi] energy[eˈnɚʤi]となります。

次にオランダ語に由来する語です。例えば「ランドセル」はオランダ語から入ってきたものです。他にもオランダ語からの外来語はたくさんありますが、2つだけ紹介します。

1. 昨夜の夕食はレトルトカレーだった。
   Last night I had *retoruto* curry for dinner.

2. オルゴールをお土産に買った。
   I bought an *orugōru* as a souvenir.

	カタカナ語	英語	オランダ語
1	retoruto	boil'n bags; ready to eat; heat and serve	retort
2	orugōru	music box	orgel

　最後にフランス、ドイツ、オランダ以外の国から入ってきた語をいくつか紹介します。

　bread, cigarette などの語は聞き取るのは容易なのですが、いざ自分で言おうとした時、「パン（pan）」「タバコ（tabako）」と言う人が数多くいます。実はこれらは、ポルトガル語から入ってきた語です。英語にも tobacco という単語はありますが、それはキセルに詰めるタバコの葉そのものを指します。I smoke tobacco. とは言わずに、単に I smoke. と言います。

　また、仕事などで、「今週のノルマを果たさなければならない。」を

I have to meet my *noruma* for the week.

と言っても通じません。「ノルマ（norma）」はロシア語なのです。英語では quota や minimum requirement を使います。

外来語の短縮や合成により、
できあがった言葉

OBやOGなど英語を基にした短縮形の造語

　日本語には、英単語の頭文字を組み合わせて表現した語がたくさんあります。native speaker に理解できないものをいくつか紹介します。

1. OBやOGも来れば、そのイベントは100人以上になるだろう。

   If the *OBs* and *OGs* come, we may have over 100 people at the event.

2. 私は、将来大きな会社で、OLとして働きたい。

   In the future, I hope to become an *OL* in a large company.

3. 映画なら何でも好きだけど特にSFが好きです。

   I like all kinds of movies, but I especially enjoy *SF*.

4. リサは保険会社のCMに昔のクラスメートが出ているのを見つけた。

   Lisa spotted her former classmate in a *CM* for a big insurance company.

5. 次はBGMを選ばなければいけません。

The next step is to choose your BGM.

6.「今のレコーディングどうでした?」
　「NGです。 もう一度お願いします。」
　"How did the recording turn out?"
　"NG! We need to do it again."

　上記のイタリック体の語は、英語らしく聞こえますが、実は made in Japan で、native speaker には通じません。 これらを英語で表現すれば次のようになります。

	間違い	正しい表現
1	OB	former student; male graduate; alumnus
	OG	former student; female graduate; alumna
2	OL	office worker
3	SF	science fiction
4	CM	commercial
5	BGM	background music
6	NG	no good; a failure

　次の例も、同じように短縮形に関するものです。 これらは英語でも同じ形の短縮形が用いられているのですが、どういうわけか日本人が口に出して言うと理解されません。 いったいどういうことでしょうか?

1. 昨夜、湖の上にUFOが見られたらしい。

   They say a *UFO* was spotted near the lake last night.

2. 私たちはハワイ旅行にJALで行きます。

   We're taking *JAL* for our trip to Hawaii.

3. 明日何人かVIPの方が来られるので、今、講堂の掃除を
   しています。

   They're cleaning the auditorium because some *VIPs* are com-
   ing tomorrow.

　1～3のイタリック字体の部分は、「ユーフォー、ジャル、ビッ
プ」と言いますね。ところが、英語では1文字ずつアルファベッ
ト読みをするのです。つまり、UFOは「ユー、エフ、オー」な
のです。絶対的なルールではないのですが、3文字までならそ
のままアルファベット読みをする傾向が強いようです。一方、
AIDS, ASEAN, FIFA, NAFTA, NASA などは、いずれも4文字
以上で、1つの単語として発音します。最近よく使用される語に
BOGOとOSFAがあります。意味はそれぞれ、"buy one get one
[free]"「2つ買えば1つは無料」、そしてOSFAは"one-size-fits-
all"「フリーサイズ」という意味です。(cf. pp.22–23) 単語とし
て発音しにくいようなケースでは4字以上でもそのまま1文字ず
つアルファベット読みします。例えば、TGIF (Thank God It's
Friday!「ああやっと金曜だ!」) などです。

英単語を短くした造語

　外来語の中には英語のままでは長すぎて発音しづらいので、日本風に短くして使用している言葉が数多くあります。ところが、それらを英語と勘違いして会話の中で使用する人が意外と多いのです。例を紹介しましょう。会話を想定しているので、スペリングはイタリックのローマ字にしてあります。

1. この頃、街ではたくさんのコンビニを見かけます。
   There are so many *konbini* being built around town these days.

2. デパートに行って友人の赤ちゃんのお祝いを探そう。
   I'd like to go to a *depāto* and look for a gift for my friend's baby.

3. 弟が週末にスーパーで働き始めた。
   My brother started working at a *supā* on weekends.

4. グアムに行ったらアメリカ製のメイクを買いたい。
   I want to buy American *mēku* when we go to Guam.

5. 遅れたら電車のホームで待ってるからね。
   If you're late, I'll meet you on the *hōmu*.

　上記の例はどれも英語からできた表現ですが、残念ながら native speaker には通じません。正しく言いかえると下のようになります。

	間違い	正しい表現
1	konbini	convenience store
2	depāto	department store
3	sūpā	supermarket
4	mēku	make-up
5	hōmu	platform

　同じような例に、カリフォルニアの Los Angeles のことをよく「ロス」と短く言う人が多いですが、これも native speaker には通じません。英語で短くした時は L.A. です。「ラ」ではなく「エル・エー」とアルファベット読みしてください。

　次に下の例を見てください。

1. リモコンが見つからない。誰か見かけなかった？
   I can't find the *rimokon*. Has anyone seen it?

2. エアコンの調子がどこかおかしいようだ。
   There seems to be something wrong with the *aircon*.

3. 父が新しいパソコンを買ってくれると約束してくれた。古いのは本当に遅い。
   My father promised to get me a new *pasokon*. The old one is so slow.

4. うちの大学には強いアメフト部がある。

> Our university has a strong *Amefuto* team.

5. もうすぐ新しいスマホを買おうと思っている。

> I'm planning to buy a new *sumaho* soon.

　「早弁」や「キムタク」のように2つ以上の単語の最初の1～2文字だけを切り取って、それらをつなぎ合わせることは日本語には数多くありますが、通常、このような短縮形は英語では起こらないので注意したいものです。正しく直しておきましょう。

	間違い	正しい表現
1	rimokon	remote control
2	aircon	air conditioner (cf. p.12)
3	pasokon	(personal) computer
4	Amefuto	(American) football
5	sumaho	(smart) phone

　アメリカ英語の中にも、短縮形は存在します。例えば、brotherがbroになったり、cigarettesがcigs、suburbsがburbsになることがあります。しかしこれらは非常に口語的で、スラングと言えるでしょう。一般に使用されるものではありません。しかも、1語の範囲で起こっているという点でも、日本語の場合とは異なります。

単語の拡張による造語

　これまで、単語を短縮したりつなぎ合わせたりして、日本風に作り上げた例について紹介してきましたが、逆に、通常1語の表現を2語で表してぎこちない表現になることがあります。例えば、上記で述べた pasokon や Amefuto という言葉は短縮せずに言えば personal computer や American football となります。ところが、パソコンを personal computer と言う native speaker はいません。単に computer です。また、football の場合はアメリカとイギリスで若干事情が異なります。football はイギリス人にはサッカーのことで、アメリカ人にはアメフトのことです。どちらにしても football は football であって、こちらが正確を期するつもりで American football と言っても理解はされますが、不自然な英語なのです。結局、相手が誰なのかによって、使い分けなければなりません。この種の不自然な英語はかなりの上級者でも、よく見受けられます。以下にいくつか例をあげます。

1. マリの誕生日にファミレスに行きます。
   We are going to a family restaurant for Mari's birthday.

2. 先生がホームパーティーに招待してくれました。
   The teacher invited us for a home party.

3. クラブのメンバーで集まって木津川でバーベキューパーティをしました。
   Our club members had a barbecue party by the Kizu River.

4. 今日は一緒に行けません。アルバイトがあります。

I can't join you tonight. I have my part-time job.

5. 学生時代、私はブラスバンドで、妹はコーラスクラブでした。

I was in the brass band club in school and my sister was in the chorus club.

6. 父の日に、お父さんにマグカップを買いました。

We bought our dad a mug cup for Father's Day.

7. ボールペンで書くべきですか？

Should we write in ball pen?

8. 今週、モールでバーゲンセールがあります。

There's a bargain sale at the mall this week.

9. 余りに暑くてたくさんの学生が短パンで授業に行った。

It's so hot that many students wore short pants to class.

10. 好きな果物は、マスカットです。

My favorite fruit is muscat grapes.

　1〜10 は不自然な英語なのです。これらを自然な表現にすれば次のようになります。

	間違い	正しい表現
1	family restaurant	restaurant
2	home party	party
3	barbecue party	barbecue
4	part-time job	job* (cf. p.38)
5	brass band club	band
	chorus club	chorus
6	mug cup	mug
7	ball pen	pen (cf. p.18)
8	bargain sale	sale
9	short pants	shorts
10	muscat grapes	grapes

*普通は I have to work. ですませます。

　上記の例は、いずれも意味を明確にするための表現です。例えば、home party は場所を借りて行なう本格的な party と区別し、また、ball pen（英語では ballpoint pen）は万年筆（fountain pen）と区別するためなのですが、native speaker はあえてそのような区別はせず、単に party や pen ですませてしまいます。

　正確さを期するという意味では、よく似た例として、glasses（眼鏡）、pants（ズボン）を a pair of glasses や a pair of pants のように言う日本人が多くいます。間違いではありませんが、native speaker なら "I need to get new glasses." と言います。あえてミスと言わせて頂きますが、このようなミスは、native speaker の目からすると cute なミスであり、もちろんコミュニケーションの妨げになるものではありません。しかし、英語を brush up した

いと思うのでしたら、ぜひ覚えておいてください。

不自然な言い回し

日本人がよく使うやや不自然な言い回し

　次の例はいずれも native speaker には、不自然に聞こえる英語です。間違いを指摘してください。

1. うちは5人家族です。

There are five members in my family.

> 日本人は、英語を話す時よく member という語を使います。ところが member は学校のクラブ、スポーツクラブ、野球のチームなど特別な団体に属することを表す言葉で、家族や親戚や友人グループなど一般的な場合に使えば滑稽な感じになります。例えば、家族や親の話をする時、
>
> 　He is a member of that family.
>
> とは言いません。特別な状況で、例えば父親が息子の婚約者の女性に、家族としての歓迎の意を強調したいような時であれば、
>
> 　You're *a member* of our family now.
>
> と言うのは自然ですが、そのような場合以外は家族のメンバーという言い方はしません。特定のグループを

強調したい時にだけ使うと意識しておきましょう。

2. お金に余裕ができるといつも好きなブランドの品物を買います。

I always buy my favorite brand goods when I have extra money.

最近、グッズという言葉が、色々な所でよく使われるようになりました。特に、デパートやショッピング・モールなど様々な商品を扱う場所ではよく目にします。キャラクターグッズとかハローキティ・グッズのような表現はお馴染みですね。ところがgoods は仕事で商品を扱う人は別として、普段の会話の中では頻繁には使われません。

3. そのホテルはアメニティグッズをたくさん用意している。

The hotel provided us with many amenity goods.

日常会話というよりは、ホテルのホームページや広告の話になりますが、日本でamenity という語の使われ方とその使用頻度はnative speaker には違和感があるようです。amenity はアメリカではプールやテニスコートなどを指し、ホテルの室内であれば、せめてコーヒーメーカーくらいまでです。快適なサービスを強調してのこととは思いますが、石鹸、シャンプー、歯ブラシ、櫛などと何でもかんでも amenity とする

のは native speaker の目から見ると変な具合に映ります。

4. ところで野球はお好きですか？
By the way, do you like baseball?

次はby the way についてです。この表現は話題を変える時に使う表現で、会話を始めるための表現ではありません。日本語では「ところで」と言って話をはじめるのは自然ですが、英語で、by the way と言って、突然、会話を始めるのは不自然なので気をつけましょう。

自然な表現に直しておきましょう。

1. There are five *people* in my family.

2. I always buy my favorite brand *things / items* when I have extra money.

3. The hotel provided us with many *nice extras*.

4. Do you like baseball?

古風な語や言い回し

　「Aさんはとても趣味がよくハイカラな人です。」「Bさんの家には、ナウい物がいっぱい置いてあった。」などと、何年も前に流行した言葉を使うと、ぎこちない表現になったり、時には笑いを引き起こしたりさえします。実は日本人が英語を話す時、これとよく似たことが起きていることがあります。英語は母国語ではありませんし、どういう表現が古いのか意識することもありません。そして常に英語に触れているわけではないので、それほど敏感に感じ取ることもできません。ですからそのようなことが起こるのも仕方のないことなのですが、できれば現在使われている表現を使う方が自然な表現になります。語レベルの表現と句レベルの表現に分けて紹介したいと思います。先ずは語レベルから。

1. 留学中に父の友人と知り合いになりました。

   While studying abroad I made the acquaintance of my father's friend.

2. 私のホストファミリーは夏、週末ごとに海辺に連れて行ってくれました。

   My host family took me to the seaside every weekend in the summer.

3. 私は海外旅行をしたいです。

   I long to travel overseas.

4. お先にどうぞ。私はカバンを取って来なくてはいけませんので。

Please go ahead. I need to fetch my bag.

5. 些細なことですが、あのポスターゆがんでいます。
It is a trifling matter, but that poster is not straight.

　言語は生き物ですから常に変化しています。文法や発音は非常にゆっくりと変化しますが、語彙の変化はとても速く、常に起こっています。1〜5は、間違いではないのですが古びた表現です。これらを自然な表現に直すと下のようになります。

	古い表現	自然な表現
1	make the acquaintance of	meet; get to know
2	the seaside	the beach
3	long to	want to; hope to
4	to fetch	to get; to grab
5	trifling	small; unimportant; minor; insignificant

　次に、古びたイディオムや言い回しを紹介します。これらの表現は中高年以上の方で、英語をすらすらとユーモアを交えて話せる男性によく見られます。おそらく学生時代に習った表現をよく覚えていて使っているのですが、現在ではほぼ使用されていないものです。ひょっとすると、学生時代に教科書に出ていた時点でもうすでに古かったのかもしれません。

1. 素晴らしい！

   Swell!

2. 土砂降りの雨だ。

   It's *raining cats and dogs*!

3. このままおしゃべりをしたいのですが、仕事がありますので。

   I'd like to stay and *chew the fat*, but I have work to do.

4. 惜しい！

   Close, but no cigar.

5. 今から試験？　がんばって！

   You have your test now? *Break a leg.*

6. からかっているの？

   Are you *pulling my leg?*

7. からかっているだけだよ。

   I'm just *busting your chops.*

8. 彼はもっと言行に注意しないといけない。

   He should *mind his ps and qs.*

9. あなたが来たら、派手にどんちゃん騒ぎしよう！

   We're going to *paint the town* red when you come to visit.

イタリック体の部分を自然な表現に直します。

	古い言い回し	自然な表現
1	Swell!	Great! Cool!
2	It's raining cats and dogs.	It's pouring. It's raining heavily.
3	to chew the fat	to chat; to gab; to talk about unimportant things
4	close but no cigar	close, but not quite; almost correct
5	Break a leg!	Good luck!
6	to pull someone's leg	joking; kidding; not serious
7	to bust someone's chops	to give someone a hard time; tease
8	to mind your ps and qs	to mind your manners; to behave properly
9	to paint the town red*	to go out and have a wild, enjoyable evening

＊paint the town red は普通、「酒を飲んで大騒ぎをする」ことです。

性差別につながる表現

　現在、日本でも女性の社会進出は大きく進んでいますが、言葉の上では今でもビジネスマン、サラリーマン、銀行マンのように男性（マン）がその地位や職業を代表する表現になっていたり、女性の歌手が一人で舞台を仕切ってもワンマンショーと言うようなことがよくあります。

　英語では、そのような表現は1970年頃から急激に少なくなりました。英語を話す上で、話し手の人格にも関わることになりますので気をつけたいものです。いくつか例をあげておきます。

1. 私の夢は消防士になることです。

My dream is to become a fireman.

2. 私の夢は、教養人になることです。

My dream is to become a man of culture.

3. マンツーマンで個人レッスンをしてくれるのでその英語学
校を選びました。

I chose that English school because they have man-to-man
lessons.

4. 彼はいつも「失敗をして一人前になる。」と言っている。

He always says, "Mistakes make the man."

　アメリカのある小学校で児童たちを2つのグループに分けて、一方のグループにはcaveman（石器時代の人）の絵を、もう一方のグループには cave family の絵を描かせたところ、前者のグループは圧倒的に男性の絵を描いたといいます。man という言葉が女性のイメージを消してしまうようです。アメリカでは fireman, businessman, salesman のように man でその職業を表すような表現は、高等学校以上では間違いとされます。上記の1〜4を正しく書き直すと下のようになります。

1. My dream is to become a *firefighter*.

2. My dream is to become *a person of culture / a cultured person*.

3. I chose that English school because they have *one-on-one/private lessons.*

4. I always say, "Mistakes make the *person*."

　一般に人を表す時は、man ではなく person を、大きくとらえて人間を表す時も、man（人間）や mankind ではなく humanity や the human race を用いるのが一般的です。また、以前は nurse は女性の職業で、actor は男性の職業（女性は actress）でしたが、最近では、He is a nurse. や She is an actor. も普通に使われています。ただし waiter と waitress は今でも使い分けているようです。これも、いつの日か waiter 1つにまとまるのでしょう。

　話が少し堅くなりますが、書き言葉に関する話になります。一昔前だと

志願者は用紙に名前を、きちんと書いてください。
Each applicant should write his name clearly on the form.

のように、applicant（志願者）を男女にかかわらず his で受ける表現が一般でしたが、現在では、下のように単数で his or her（his/her）とするか、あるいは複数で their と表すのが一般的です。書き直すと下のようになります。

Each applicant should write *his or her* name clearly on the form.
または
Applicants should write *their* names clearly on the form.

社会の変化とともに言葉も常に変わってゆきます。ところが、変わりたくない頑固者はどこにもいるもので、当然 native speaker の中にもそのような人は古くからの英語にこだわっているようですが、私たち英語学習者は、自然な英語を身につけて、できるだけそういう頑固者にはならないようにしたいものです。

表現が直接すぎてショッキングな印象を与える言葉

　直接的な表現を避けて婉曲的な言い回しをするのはどの文化にもありますが、その目的は聞き手に不快感や下品で嫌な感じを与えないことです。何がショッキングかは文化により異なりますが、例えば、死、性、排泄、身体に関するものなどについては、米英と日本に共通して婉曲表現が使用されるケースが多々あります。下の例は英語において、通常、婉曲表現を用いるのが好ましいものです。

1. トイレを探しているのですが。

   I am looking for a toilet.

> アメリカではtoiletは便器そのものを指します。トイレは、個人の家ではbathroomやwashroomが用いられ、公共の場ではbathroom, lavatory, men's (ladies') room, restroom などが用いられます。
>
> 　ただし、イギリスではtoiletも使います。もう少しくだけた表現としてはlooという語もよく使われますが、イギリスでbathroomは浴室を意味するので要注意です！

2. とても太ってきてるね。食べすぎじゃない？

You are becoming quite fat. Have you been eating too much?

日本では、「最近ちょっと太ったんじゃない？」などは、ある程度親しい間柄ならよく耳にする表現です。しかし、欧米では、家族でもない限り決して「太った」、「やせた」など身体に関することは言いません。よほど親しくて口にする場合でも、fatはかなり直接的でショッキングな言葉なので気をつけましょう。

3. その医者が身体検査をして証明書を書いた。

The doctor checked her body and wrote a medical certificate.

身体検査ではbodyをcheckするのではなく、healthをcheckします。check her bodyと言うとセクハラになりますから表現には気をつけましょう。

4. あなたは酒豪らしいね。

We hear you are a heavy drinker.

heavy drinkerは辞書には「大酒飲み」と書いてあり、その通りですが、native speakerが連想するのは「アルコール依存症の人か中毒者」です。「お酒が強いですね」と褒めるつもりでYou are a heavy drinker. と言うと、逆に悪い印象を与えてしまうので気をつけましょう。

5. あの中国の会社は外国人に高給を支給している。

That Chinese company pays high salaries to aliens.

日本に住む外国人は、外国人登録済証を取得しなければいけませんが、そのカードには「alien（外国籍）」とプリントされています。ところが、これはnative speakerには「宇宙人」のような響きを持つ語です。最近まで空港の出入国管理のブースのところでもAlienという語が使用されていました。法的には正しい語でも、会話では決して使わないようにしてください。

6. 妹に新しい彼氏ができた。

My sister has a new lover.

「彼氏」や「彼女」は通常はboyfriendやgirlfriendで表します。loverという言葉から先ず想像されるのは肉体関係です。ですから、loverがいるということは、肉体関係が前面に押し出された表現となり、刺激的な表現となりますので気をつけましょう。

では、上記の 1 〜 6 の文を自然な英語に直しておきましょう。

1. I am looking for a *bathroom*.

2. You are becoming *a bit heavy*.

or

You seem to be *putting on some weight.*

3. She *had a health check* and the doctor wrote a medical certificate.

4. We hear you are *a strong drinker.*
   or
   We hear *you can hold your alcohol.*

5. That Chinese company pays high salaries to *foreigners / foreign employees.*

6. My sister has a new *boyfriend.*

　ある言い回しが、差別的な意味合いを持つために、新しい表現に取って代わることは日本語でよく見られることですが、このことは英語でも同様です。新しく作られた差別的な含みを持たない表現を、英語では politically correct language と言います。その中には差別とまでは言わないまでも、ややきつめの表現を弱める場合なども含めてかなりの広範囲に及びます。

　次に挙げる 7 〜 10 はこのような古い好ましくない表現です。

7. アリゾナに旅行した時にアメリカインディアンのことをたくさん学びました。
   We learned a lot about Indians when we traveled to Arizona.

8. お年寄りには席をゆずるべきです。
   You should offer your seat to old people.

9. それは障がい児のための特別な学校です。
   It's a special school for handicapped children.

10. 将来私は、目の不自由な学生のために働きたいです。
    In the future I hope to work with blind students.

それぞれ次のように書きかえてください。

7. We learned a lot about *Native Americans* when we traveled to Arizona.

8. You should offer your seat to *senior citizens / the elderly*.

9. It's a special school for *physically (mentally) challenged children*.

10. In the future I hope to work with *visually impaired students*.
    or
    In the future I hope to work with *visually challenged students*.

英訳しても伝わりにくい語

次の 1 〜 3 の日本語の内容を英語にしてみましたが、うまく伝

わりません。どうしてでしょうか？

1. 季節物の菜の花がおいしかった。

We enjoyed seasonal dishes like rapeseed buds.

> 例えば、近年の日本食ブームのおかげで、「スシ」「刺身」「豆腐」や最近では「枝豆」もそのまま sushi, sashimi, tofu, edamame で通じるようになりました。ところが、「親子丼」を英語で説明してもなかなか伝わりません。「納豆」を fermented soybeans と言っても気持ち悪がられるのが落ちです。いくら和英辞典にあっても、海苔（laver）、ごぼう（edible burdock）、極めつけは、コンニャク（devil's-tongue starch）など日本特有の食べ物を言葉だけでは伝えるのはとても困難です。菜の花（rapeseed）もその1つです。どうしても伝えたいときには a kind of ～ や a type of ～ といった「～の一種」という言い回しを使って説明しましょう。菜の花の rapeseed は a kind of edible spring plant（一種の春の食用植物）、海苔の laver は a type of dried seaweed（一種の乾燥した海藻）のように逃げるのが賢明です。

2. 彼のことは知っています。私の先輩です。

I know him. He is my senior.

> 「先輩・後輩」のようにどちらが年齢的に上か下か

ということは英米人はあまり意識しません。「先輩」はseniorで「後輩」はjuniorと辞書にはありますが、そういう意味でseniorやjuniorを使うことはまずありません。例えば、日本語で「私には姉が1人います。」と言っても、英語では単に

I have a sister.

です。それが姉か妹かは基本的には問題ではなく、めったに

I have an elder sister.

とは言わないのです。そういうわけで2の英語は意味は伝わりますが不自然なのです。自然な英語にすると

I know him. He was ahead of me in school.

という表現になります。

　話はそれますが、例えば、誰かのお世話になったり、ある場所で何かを始める時に、日本人は、へりくだって「（それでは、）よろしくお願いします。」とか「お世話になります。」と言います。その気持ちを伝えようと、

Please take care of me kindly.

と表現してもおかしな顔をされるだけです。結局、年齢や立場が上か下かということは、日本ほどに意識されることがないということです。

3. その学校の偏差値は上昇しています。

The deviation value of that school is going up.

「偏差値（deviation value）」は数学の専門用語で一般の人には通じません。お互いの国の教育事情の違いを表していますね。

　3の日本語を英語にすれば、

　That school is getting more difficult.

または

　That school is getting harder to enter.

となります。

　日頃、当然と思うことが、外国ではそうでないというのはよくあることです。それをどのようにがんばって英語で伝えようとしても、日本のことをよく理解している人でない限りうまく伝わりません。

　結局、訳すことができない、訳しても通じない、訳しておかしな響きを持つような言葉や概念が数多くあるということです。日本特有の美的価値観の「わび」や「さび」などは、どのように訳してもまず伝わりません。この事実を知っておくだけでもとても意義のあることなのです。

単数と複数

　下の例に目を通してください。どこが間違っているかお分かりですか？

1. この眼鏡は壊れているので、新しいのが必要だ。

I need a new glasses. This is broken.

このジーンズははき心地がいい。

This jeans is very comfortable.

はさみと紙を 2 枚用意してください。

You should prepare a scissors and two sheets of paper.

glasses（眼鏡）、jeans（ジーンズ）、scissors（ハサミ）は基本的にいつも複数形で使います。なぜなら glass なら片目だけのレンズになるし jean では片足分だけ、scissor なら刃が一枚しか無くなってしまうからです。例文では確かに複数形にはなっていますが、a や this はあとに単数名詞が続くので間違いになります。しかも、2 つ目の

This *jeans* **is** very comfortable.

は this だけでなく is としている点でも jeans を単数名詞と扱ってしまっています。

このように日本語の感覚では 1 つでも、英語では複数扱いをする名詞には、pants, shoes, boots, socks, stockings, pajamas などがあります。最初の 5 つはどれも左右一対で 1 つですが、pajamas は上下で 1 組です。パジャマの上と下は異なる物なのに複数になるのはなんとなく変ですが、一枚のパジャマでも these pajamas と言います。眼鏡が 2 つあると言いたい時には、

There are two glasses.

とは言わずに

There are *two pairs of* glasses.

と a pair of 〜を用います。1 つなら a pair of glasses で単数で扱います。

2. みなさんに 2 つアドバイスさせてください。

Let me give everyone two advices.

あなたのお国に関して、いくつか情報をいただきたいのですが。

I hope you can give me some informations about your home country.

上司からきつい仕事をもらうと、ストレスを感じるよ。

When my boss gives me hard works, I feel stress.

宿題が多すぎるよ。

We have too many homeworks.

advice, information, work, homework はどれも不可算名詞で、1 つ、2 つと数えられません。日本語では、「2 つのアドバイス」や「3 つの情報」は自然に聞こえますが、英語では数ではなく量で表すものなのです。ですから、たくさんのアドバイス・情報は many ではなく much を用います。仕事（work）や宿

題（homework）も、どんなにたくさんでも works
や homeworks ではありません。どうしても数えたい
時は、a piece of advice, two pieces of advice とす
れば数えることはできますが、実際にはそのような言
い方はめったにせずに、some advice と言います。

3. スタッフの人たちはとても役立っている。
The staffs there are very helpful.

彼女はボキャブラリーが豊富だ。
She has many vocabularies.

staff はとてもよく間違える語です。例えば、日本人
が「私はここのスタッフです」というのを英語で、
I am a staff here.
と言うのをよく聞きますが、staff はむしろチームだ
と考えてください。「私はここでチームです。」は変で
すよね。「私はここのチームのメンバーです。」のはず
ですから、英語でも
I am *a staff member* here.
となります。
　vocabulary も同じような理解が必要です。本文 5
ページの 4 で紹介しました「メニューが豊富だ」と
いう時、「メニューは 1 つで、その中の料理の種類が
たくさんある。」というのと同じ考え方です。vocab-
ulary は 1 つの袋だと考えてください。その袋の中に

wordがいくつも入っているというイメージです。袋は1つですから「語彙力のある人」は1つの大きな袋つまりa large vocabularyを持っていることになります。よく似た語にpopulation（人口）があります。vocabularyと同じように、populationを1つの袋だとイメージし、その袋に人が入っているのです。つまり、東京はa large populationを持っているわけです。では、次の英文の間違いはお分かりになりますか？

　東京の人口は何人ですか

　How *many* is the population of Tokyo?

populationは1つの袋ですから、how manyではなく how large か what を使います。つまり、

　How large / What is the population of Tokyo?

です。

4. 帰省したとき母がたくさんおいしい物を作ってくれた。

My mother made a lot of delicious foods while I was home.

私の好きな食べ物は果物です。

My favorite food is fruits.

朝食にサンドイッチと牛乳を食べました。

I had sandwiches and milk for breakfast.

fruit と food は基本的には量で表す不可算名詞として使います。ですから、いくらたくさん食べても

I ate *a lot of fruit.*

I ate *too much food.*

となります。fruits や foods というのは、種類がたくさんあることをあえて言いたい時に用います。例えば、

We tried *new foods* every day during our trip to Europe.

または

We enjoyed *many kinds of* tropical *fruits* in Hawaii.

というような具合です。この場合でも単数形でも問題はありません。

　最後の sandwich は、形、数、大きさに関わらず一人前は a sandwich となります。2 人か 3 人でそれぞれサンドイッチを注文すれば、

We had *sandwiches.*

と言うことができます。

5. 私の趣味は映画鑑賞です。

My hobby is watching a movie.

英語では、一般に可算名詞（1 つ・2 つと数えられる名詞）をひとまとめに総称したい時には、無冠詞・複数形で使用します。例えば、総称として「自動車」と言いたければ、a car, the car ではなく cars を使用するのがいちばん自然です。

英語を話すときに日本人にとってとてもやっかいな問題に冠詞（a ／ the ／無冠詞）の選択、そして名詞の単数形・複数形の選択があります。冠詞の問題も単数形か複数形かという問題も日本語には存在しません。主語が単数か複数かによって動詞の形も変わります。ここでは話を、単数・複数の問題にしぼります。

　それでは、最初の例文を正しい英語に直したものを紹介します。

1. I need new *glasses*. These are broken.

　　These *jeans* are very comfortable.

　　You should prepare *some scissors* and two sheets of paper.

2. In conclusion, let me give everyone some *advice*.

　　When my boss gives me hard *work*, I feel stress.

　　We have too much *homework*.

　　I hope you can give me some *information* about your home country.

3. The *staff* there is very helpful.

　　She has a large *vocabulary*.

4. My mother made a lot of delicious *food* while I was home.

　　My favorite food is *fruit*.

　　I had *a sandwich* and milk for breakfast.

5. My hobby is watching *movies*.

次に単数・複数の扱い方で米英の違いを少しだけ紹介します。例えば team（チーム）や government（政府）を例に挙げますと

| アメリカ英語 | The team is .... The government is .... |
| イギリス英語 | The team are .... The government are .... |

となります。つまり、アメリカ英語では単数形 team, government に動詞 is が呼応しています。一方、イギリス英語ではその名詞を構成する人が何人もいるという概念に対応して複数にするのです。ただし、police（警察）の場合は米英ともに The police are .... と複数扱いですので注意しましょう。とにかくやっかいですね。特に、日本人にとっては、そもそも意識の中に単数形か複数形かという問題はそれほど強くないのでかなり英語が達者な人でもなかなか完璧に使いこなすことができません。しかし、

The dogs is big.

のような基本的な間違いはしないように心がけましょう。

《動 詞 編》

1-5

go と come、take と bring

　go, come や take, bring は中学で学習する基本的な動詞ですが、誤った使い方をする人が意外に多くいます。

　go と come の日本語訳はそれぞれ「行く」と「来る」で、take と bring は「持って行く」と「持って来る」ですが、自分と聞き手がどこにいるかがポイントです。go と take はポイントになる場所から離れて行く時に、come と bring はポイントになる場所に近づく場合に使います。

目的地へ

go 行く
take 持って行く

別の場所から

come 来る
bring 持って来る

次の例を見て間違いを指摘し訂正してください。

1.（下宿先で）実家に帰ると母がいつも好きな料理を作って
くれます。

When I come back to my hometown, my mom always makes my favorite dishes.

「実家に帰ると母がいつも好きな料理を作ってくれます。」これを、実家にいながら言うのなら、この英語で正しいです。しかし、下宿先で言うのなら、「実家（目的地）に帰る」のは今、自分がいる所から離れて行くことになるのでgoを使わなければいけません。

2. 娘が熱を出したので家に帰ってもよろしいでしょうか？

Can I come home because my daughter has a fever?

この状況は、職場で家（目的地）に帰ることを伝えようとしている場面だと想像できます。つまり、家（home）という目的地に帰ることは今の場所から離れて行くことになので、come home ではなく go home ですね。

3.（電話で）今からあなたの事務所に伺います。

I am going to your office now.

「今からあなたの事務所に伺います。」この例は単純に

「目的地へ行く」ということでは説明できません。これは、「何か用事があってあなたの事務所に伺う」ということでしょうから、相手の側に立った言い方となります。つまり、相手からみると、私（I）は自分のところに「やって来る」ことになりますので、ここはgo ではなく come を使わなければなりません。

1、2、3を自然な英語に直しましょう。

1. When I *go* back to my hometown, my mom always makes my favorite dishes.

2. Can I *go* home because my daughter has a fever?

3. I am *coming* to your office now.

次の例を見て間違いを指摘し訂正してください。

4. 私たちは授業中、先生に「来週のテストは辞書持込み可ですか?」と聞きました。

   During class we asked the teacher, "Can we take a dictionary for the test next week?"

この場面では教室の中で先生に来週のテストのことを聞いているのですから、辞書を「持って行く」のでは

なく「持って来る」のはずです。この英文を話している場所がポイントになります。ここではtakeではなくbringを使いましょう。

4を自然な英語に直します。

4. During class we asked the teacher, "Can we *bring* a dictionary for the test next week?"

仕事と遊び

　自分の職業を相手に伝える場面はよくあります。また、友人に誘われて断る時に「仕事をしなければならない」と言わなければならないこともしばしばです。
　下の1～3の例文を見て、誤りまたは不自然な箇所を訂正してください。

1.「今度の土曜に、映画に行きませんか」
　「ゴメン、バイトが入ってるので無理だわ。」
　"Why don't we go to the movies this weekend?"
　"I'm sorry but I have to go to my part-time work."

　「バイト」がドイツ語から入ってきた言葉であること

はすでに説明済みですね。英語に訳せば a part-time job となりますが、普通はどういう形態の仕事かは言わずに、

I have to work.

ですませます。

2.「お仕事は何をなさってらっしゃるのですか?」
「サラリーマンです。」

"What kind of work do you do?"

"I'm a salary man."

職業を聞かれて、日本ではよく「私はサラリーマンです。」と答えますが、英語では、具体的な職種を言うのが普通です。例えば、

I'm a doctor.

I'm a high school teacher.

I work for a small publishing company in Tokyo.

I work for a company that sells office equipment.

という具合です。もし、誰でも知っているような有名な会社であれば、

I work for Toyota.

I work for Sony.

と言うのが普通です。サラリーマンを英訳して、an office worker, a company employee でも間違いではありませんが、もう一歩踏み込んで、どのような種類の仕事なのかを伝えましょう。

3.「ご職業は何ですか?」
　「専業主婦です。」
　"What do you do for work?"
　"I'm a housekeeper."

> 主婦は housewife で housekeeper ではありません。
> housekeeper は「家政婦」という職業を表す言葉です。
> 　I'm a *housewife*.
> と直しましょう。

　一口に仕事と言っても、種類も形態もたくさんあります。「お仕事は?」と聞かれて、どこまで詳しく言うべきなのか難しいですね。基本的には、どういう仕事かは言わずに単に work で片づけましょう。一般に自分の職業を説明する時には、その形態（正社員、派遣社員、パート）ではなく、どういう種類の仕事をしているのか言うのが普通です。

　次は、「遊ぶ」に関する表現です。次の例を見て間違いを訂正してください。

4. うちの息子は大学生だけど、勉強せずに遊んでばかりいる。
　My son is a university student but he only plays and never studies at all.

> 皆さんは中学生の頃、「遊ぶ」= play と教わったのではないでしょうか。ところが、これは小さな子どもが

遊ぶ場合に使う表現なのです。例えば、

You can play outside but come back by 5 o'clock.

（外で遊んでもいいけど、5時には帰ってきなさい。）

のような状況で使います。ティーンエイジャーくらい

になると、「友達と遊ぶ」と言う時は、

I'll *get together with* my friends.

I'm *meeting* my friends.

I'm going to *hang out with* my friends.

のように言うか、遊びの内容をより具体的に表して

I'll *go bowling with* my friends.

（友達とボウリングに行くよ。）

といった表現を使っています。

5. 今度また一度うちに遊びに来てください。

Please come to my house to play some day.

「遊びにきてください。」も、playを使わずに、単に
「今度、うちにいらしてください。」で充分です。

では、4と5を自然な英語に直します。

4. My son is a university student but he just *hangs out* with his friends and never studies at all.

5. *Stop by/drop by* and see me sometime.

「見る」「聞く」など知覚に関する動詞

　見たり、聞いたりすることを表す動詞は一般に知覚動詞と呼ばれます。see, look, hear, listen などがそれに当たります。

　それらの動詞を含む下の例を見て、間違いを訂正してください。

1. 高校の音楽の授業でこの曲を聴きました。

　We heard this song in my junior high school music class.

　私に趣味はラジオを聞くことです。

　My hobby is hearing the radio.

　この授業で聞き取りがうまくできるようになりたいです。

　I hope to improve my hearing in this class.

　私たちはクラシック音楽を聴くのが好きです。

　We enjoy listening classical music.

　この４つの例はすべて「聞く」に関するものです。英語には listen と hear がありますが、意味が異なります。listen は「何かを聞こうと耳を傾ける」という動作を表します。それに対して hear は「勝手に耳の中に入ってくる」つまり「聞こえる」という状態を表す動詞なのです。

　最初の例では、hear を使っているので、音楽の授

業で「音楽が聞こえていた」ことになっています。

　次の例でもラジオを聞くのが趣味なので、これは聞こえる (hear) ではなく積極的に聞く (listen) を使わなければなりません。

　3つ目では、「聞き取り」をhearingとしていますが、「聞き取り」はlisteningでなければなりません。よくヒアリングテストと言う人がいますが、hearingは「聞こえる」という意味なので、聞こえるか聞こえないかを調べる耳の聴覚検査という意味になります。ちなみに、「聞き取り試験」は正式にはlistening comprehension testと言います。

　4つ目の例で、音楽を聴くのにlistenを使っているのは正しいのですが、これは自動詞なので、後ろに聞く対象をつける時は前置詞が必要です。つまり、listen to ～の形になります。

1の4つの英文を自然な形に直しましょう。

1. We *listened to* this song in my junior high school music class.
   My hobby is *listening to* the radio.
   I hope to improve my *listening* in this class.
   We enjoy *listening to* classical music.

次は視覚に関する表現です。

下の例を見て間違いを訂正してください。

2. 昨日家に帰る途中、虹が見えた。

I looked at a rainbow on my way home yesterday.

ある星が爆発しても何千年後までそれを見ることはできません。

After a star explodes, we can't watch it until thousands of years later.

あの花を見てごらん。

See that flower.

「見る」にはwatch, look, seeなどがあります。それらの違いは「自分が意識的に努力して見る（動作を表す）」のか、「努力せずに視覚に入ってきて見える（状態を表す）」のかという違いです。watchとlookが前者で、seeが後者と理解してください。「聞く」（listen）と「聞こえる」（hear）の違いとよく似ていますね。

では、watchとlookですが、これら2つの間にも違いがあります。基本的に「動いたり変化したりする物を見る」時に使うのがwatchで、「動かず静止しているものを見る」時に使うのがlook (at)と覚えておきましょう。ですから、鳥を観察するのはwatchですが、絵などはlook (at)します。

最初の 2 つの例の「虹を見る」「星を見る」は、努力して見るのではなく、視覚に入って来る、つまり「見える」ので、see を使います。それに対して 3 つ目の、「見てごらん。」は「見えてごらん。」ではなく、「努力して見ることをしてください。」という意味ですから、look (at) を使用します。

3. 昨夜、「スパイダーマン」を見ましたか？

Did you look at "Spiderman" last night?

「映画を見る」は、少し話がややこしくなります。普通に考えると、変化する物を見るわけですから、2 で述べたように、look ではなく watch だと推測できます。したがって、

　Did you *watch* "Spiderman" last night?
となりますが、see を使って

　Did you *see* "Spiderman" last night?
と言うこともできます。

　ただし、映画館などで見たかを聞く時は、watch は使わず、通常 see を使います。

　ここでは、「昨夜」となっているのでテレビ番組のことを言っているのだと考えられますが、例えば「もう、スパイダーマン見た？」と言うと、映画館で見たかと言う意味でしょうから、

　Have you *seen* "Spiderman" yet ?
と言う必要があります。ちなみに現在完了形ではまだ

その映画が上演中であることが含意されます。もう上演期間が終了しているときは過去形を使います。（この場合、yet も不要です。）

　同様のことが「スポーツ観戦」や「コンサート」などについても言えます。つまり、公共の場で見たのか、自宅で見たのかによって使い分けるのです。例えば、スタジアムで野球観戦をした場合には

　I went to *see* the ball game yesterday.

ところが、自宅でテレビで見たのなら、

　I *watched / saw* the game yesterday.

となります。

4. 少しの間だけ、カバンを見ておいてもらえますか？

Would you look at my bag for a little while?

「カバンを見ておいてください。」カバンは動かないので、look (at) を使いたいところですが、この場合は「ただ見る」のではなく「見張る」ことになります。こういう時は look ではなく watch を使用します。

2 ～ 4 の英語を自然な英語に直しておきましょう。

2. I *saw* a rainbow on my way home yesterday.

After a star explodes, we can't *see it* until 50 years later.

Look at that flower.

3. Did you *watch* "Spiderman" last night?

4. Would you *watch* my bag for a little while?

伝達動詞「言う」「話す」

中学英語で、say, tell, talk, speak などを学習しますが、それらを正しく使いこなすのは難しいことです。

下の例の間違いを訂正してください。

1.あなたは彼に「もしあなたがタトゥーを入れたら、もう絶交だからね。」と言うべきよ。

You should just say him, "If you get a tattoo, I will leave you!"

2.来月東京に引っ越すことになると父が言った。

My father told that we would move to Tokyo next month.

3.その先生は私たちにもっと勉強するように言った。

The teacher said us to study more.

> say, tell はご存知のとおり「言う」という意味です。
> そしてその後には、何を言うのか話の内容を加えます。
> 下の例文を見てください。
>   He said so.

He told me so.

（彼は（私に）そう言った。）

He said (that) he knew it.

He told me (that) he knew it.

（彼は（私に）それを知っていると言った。）

　sayとtellの違いは、tellは誰に言うのかを目的語として示す必要があるということです。

　sayとtellのもう1つの使い方として、後にto不定詞を加えて、「～するように言う」と言うことができます。

He said to clean the room.

He told me to clean the room.

（彼は（私に）部屋を掃除するように言った。）

やはりtellは誰に言うのかを示す必要があります。なお、say to doは、学校文法ではあまり扱いませんが、実際にはよく使う表現です。伝達動詞にも色々ありますが、sayとtellの基本的な違いから覚えましょう。

では、1、2、3を自然な英語に直しましょう。

1. You should just *say to him*, "If you get a tattoo, I will leave you!"

2. My father *said* that we would move to Tokyo next month.

3. The teacher *told* us to study more.

次の英語を見て間違いを訂正してください。

4. 彼は自分の仕事が大好きだと言った。

He spoke that he loved his work so much.

> この文の間違いはお分かりでしょうか？「speak や talk は使用できない」が正解です。speak と talk はその後に that 節はとりません。speak や talk は「言う」ではなく「しゃべる」と理解すれば分かりやすいかもしれません。そして speak のほうが talk よりやや堅い内容を話す感じになります。日本語でも「彼は〜だとしゃべった。」とは言いませんね。だから、英語でも
>
>   He talked (spoke) that ....
>
> とは言わないのです。

それでは、4 を自然な英語に直しましょう。

4. He *said* that he loved his work so much.

次は受動態の表現を使って「〜と言われる」という表現です。5、6 の英語を見てください。どこがおかしいがお分かりでしょうか？

5. 私の叔母は和田アキ子に似ているとよく言われる。

My aunt is often said she looks like Akiko Wada .

6. 授業の後、私たちは宿題を提出するように言われた。

After class we were said to hand in the homework.

> 「私は〜と言われた。」や「私は〜するように言われ
> た。」のように受動態を用いて表す時には、say では
> なく tell を使わなければいけません。直接目的語をと
> るのは say ではなく tell ですので当然と言えば当然な
> のですが、よくする間違いです。

では、5、6を自然な英語に直しましょう。

5. My aunt is often *told* that she looks like Akiko Wada.

6. After class we were *told* to hand in the homework.

では、say, tell, speak, talk の使い方をまとめてみます。

He *said / told me* that he was not happy about it.
（彼はそのことについて満足していないと（私に）言った。）

He *said / told me* to clean the room.
（彼は、部屋を掃除するように（私に）言った。）

He won't *speak / talk* to me these days.
（彼は、この頃私にしゃべろうとしない。）

knowの意味

使い方をよく間違える基本的な動詞にknowがあります。
まず下の例文を見て間違いを探し訂正してください。

1. 新しい仕事を始めることで緊張もしているけれど、新しい
   世界を知ることができるのが楽しみです。

   Although I am nervous about starting my new job, I can know a new world.

2. 数年後、彼は彼女が事故でなくなったことを知った。

   A few years later he knew that she had been killed in an accident.

3. 睡眠に関する講義を聴いた時、私は自分の睡眠は質が悪い
   ことが分かった。

   When I attended the lecture on sleep, I knew the quality of my sleep was poor.

　knowは「知っている」という状態を表す動詞で、「知る」「わ
かる」という意味に使用することはできません。つまり、「知ら
ない状態」から「知っている状態」への変化を表すことはでき
ないのです。「知る」や「分かる」という状態の変化はlearn, find
out, discoverなどを使いましょう。ただ、discoverには「知るこ

とによる多少の驚き」が含意されます。realize も「分かる」という意味ですが、前の3つとは異なり、「思考の結果を経て分かる」時に使用します。ここでは、3がこれに相当します。

では、1〜3を正しい英語に直します。

1. Although I am nervous about starting my new job, I can *discover* a new world.

2. A few years later he *learned (found out)* that she had been killed in an accident.

3. When I attended the lecture on sleep, I *realized* the quality of my sleep was poor.

1-10

「願い」や「希望」を伝えたい時

「私は将来、看護師になりたい。」とか、「子どもが健康に育ってほしい。」など自分の希望や願望を相手に伝える場面はよくありますが、どのように言えばいいのでしょうか。

次の例を見て間違いを探し訂正してください。

1. 今回はレポートにミスが無ければいいのですが。
I want my report will have no mistakes this time.

2. 私の焼いたクッキーを気に入ってもらえるといいのですが。
I wish you will like the cookies I made.

3. 雨が降ってなければいいのに。
I hope it is not raining now.

　自分の希望や願望を伝えるのに want を間違った使い方をして
しまうケースがよく見られます。例えば、1のように、want の後
には、文を続けることはできません。want は to 不定詞とともに
使います。例えば、

　I *want to* stay home and do nothing today.
　（今日は、家にいて何もしたくない。）

のように使うか、また人に何かをしてもらいたい時には

　I *want you to* look at this.
　（私はあなたにこれを見てほしい。）

のように、want の次に人を置いてその後に to 不定詞を続けます。
　また、2のように、未来のことに対する願望には wish は使えま
せん。wish は現在や過去のことがらについて、事実に反するこ
とを願望する時に使う動詞なのです。文法的な言い方をすれば仮
定法ということになります。例えば実際には自分は日本人だけれ
ども「フランス人だったらいいのに。」というような時に使用す
る語なのです。しかもその時に

I wish I *were* French.

と wish の後に続く文の動詞を過去形にしなければなりません。動詞が be 動詞の時は主語が単数でも were を使用するのが基本です。

1や2で、願望の動詞の後を文で続けたい場合には wish ではなく

I hope that ....

のように hope を使用します。

そして、1、2とは対照的に3の例では、「雨が降ってなければいいのに」というのは「実際には現在雨が降っている」という事実に対してそれに反することを願望しているのですから、ここは仮定法で wish を使用しなければいけません。

それでは、1〜3を正しい英語に直しましょう。

1. I *hope* my report will have no mistakes this time.

2. I *hope* you will like the cookies I made.

3. I *wish* it were not raining now.
   （ここでは I *wish* it was not raining now. も可能。）

「人に〜させる」

人に何かさせる（してもらう）ことを「使役」と言いますが、「〜させる」に関する下の3つの例を見て間違いを探し訂正してください。

1. **母は私にテレビを見る前にピアノの練習をさせた。**
   My mother let me practice the piano before watching television.

2. **後で折り返し彼女に電話させましょうか？**
   Shall I make her call you back?

3. **両親は私にカナダに行かせてくれなかった。**
   My parents didn't make me go to Canada.

英語を勉強している人なら、使役動詞といって最初に思い浮かぶのは、makeではないでしょうか。ところが、誰かに「〜させる」と言っても「強制的に〜させる」のか「頼んで〜してもらう」のかそれぞれニュアンスが異なります。

日本語では「〜させてやった」のように許可を与える時でも「させる」という言葉を使うので、よく整理しておかないと間違いのもとになりやすい動詞です。

「〜させる」を表す動詞で覚えておきたいのは次の3つの動詞です。それはmake, have, letです。意味はそれぞれ違うのですが、

文の組み立て方が同じなので、まずはこの 3 つの動詞を使って文を作れるようにしましょう。最初にこれら 3 つの動詞を使った文の組み立て方です。

He *made / had / let* her go to the counter.
彼は彼女にカウンターに行かせた。

make でも have でも let でも組み立て方は

「主語」＋ make（have または let）＋人（目的語）＋「原形動詞」

となります。
　次に意味の違いですが、

make ： 　強制的
have ： 　より柔らかいニュアンス
let 　： 　許可

と覚えてください。例題の日本文では、1 は「強制」、2 は「より柔らかいニュアンス」、3 は「許可」と考えられます。もちろん 2 は「強制」という解釈もできますが、とてもきつい感じの文になってしまいます。

それでは、3 つの例を正しい英語に直しましょう。

1. My mother *made* me practice the piano before watching television.

2. Shall I *have* her call you back?

3. My parents didn't *let* me go to Canada.

　この他にやや have に似た使役動詞に get があります。get は文の組み立て方が異なり、

　　I *got* her to go to the counter.

のように原形動詞の前に to が必要です。意味は、have に近いですが、「何とか彼女をカウンターに行かせることができた。」のように「～させる」ことが容易ではなかったという意味合いが含まれます。
　少し長くなりますが、2 の「カナダに行かせてくれなかった。」を「カナダに行くことを認めてくれなかった。」と考えて、admit（認める）を使って

　　My parents didn't admit me to go to Canada.

とするミスにもよく出くわします。admitは「～が事実であることを認める」という意味で、「許す」という意味ではありませんから気をつけましょう。一方、allowは「許す」という意味ですので、

　　My parents didn't *allow* me to go to Canada.

も正しい英文です。

「〜させる」を表す動詞は他にもたくさんありますが、とりあえず、make, have, let が使えれば大丈夫です。

1-12

「〜すべき」「〜した方がよい」

日本の中学・高校ではたいてい次のように覚えます。

must = have to「〜しなければならない」
should = ought to「〜すべきである」
had better「〜した方がよい」

外国から来た旅行者に、せっかく日本に来たのだから「寿司を食べるといいですよ。」と勧めるにはどの表現を使うべきでしょうか? 日本語訳の響きから判断すると、「〜しなければならない」と「〜すべきである」は強すぎる感じですね。「〜した方がいい」を使うのが正しいように感じます。はたして native speaker はこれらをどのように使い分けるのでしょうか?

次の例を見て間違いを探し訂正してください。

1. 今週末の花火は見た方がいいですよ。

You had better see the fireworks this weekend.

人に何かを提案したり勧めたりする時、実際によく使用され、相手に対してきつい感じを与えないのは、実

はshouldなのです。ちなみに、shouldが用いられると、その行為が主語にとってプラスに働くので積極的に勧める、というニュアンスがあります。

　mustやhave toそれにhad betterはいずれもかなり強制的な印象を与え、提案というより命令に近いのです。mustとhave toは、たいてい「〜しなければならない」なので、命令的だと理解するのは容易ですが、had betterは「〜したほうがよい」という日本語訳のため、間違えるケースがとても多くあります。had betterは、「今すぐにでも〜した方がよい」という緊急性も伴い、しかも「上から下に向かって」、つまり「親が子に対して」、また「先生が生徒に対して」使用するというイメージなのです。

2. 留学生が友達を作るにはクラブかサークルに入るべきでしょう。

The international students ought to join a club or circle to make friends.

　学校文法では、ought to = shouldで、ought toの方がより文語的で書き言葉に適していると教えられています。しかし、実際には口語でも用いられ、かつ、shouldより強くやや批判的な印象を与えます。さらに、「上から下」へという意味合いも含むので、使用には注意が必要です。ほとんどのケースではshouldが最も無難と言えます。

「〜すべき」「〜した方がよい」

他にも提案の柔らかい表現として、助動詞ではありませんが、Why don't you 〜 ? や How about 〜 ing? などがあります。これらは使いやすく、意識して使うようにしたいものです。

それでは 1、2 の文を自然な英語に直します。

1. You *should* see the fireworks this weekend.

2. The international students *should* join a club or circle to make friends.

1-13

「起こる」と happen, occur, take place

「起こる」「生じる」を表す言葉に、happen, occur, take place などがありますが、その使い方に違いはあるのでしょうか？
次の例を見て間違いを訂正して下さい。

1. 昨夜、このあたりで地震がありました。
   An earthquake happened here last night.

2. 彼らの間に重大な問題が起こりました。
   A serious problem happened between them.

3. 昨日、大阪の繁華街で大火事があった。

A big fire took place in a busy part of Osaka.

1、2、3の他にも「起こる」ものを考えてみると、事件・事故・嵐・津波・笑いなど多くのことが起こりえます。どれにでも、happen, occur, take place を当てはめてよいかというとそういうわけではありません。どの3つを当てはめてよい場合もあれば、どれもダメな場合もあります。

例えば、3の火事の場合、

    ◯   A big fire occurred in a busy part of Osaka.
    ×   A big fire happened in a busy part of Osaka.
    ×   A big fire took place in a busy part of Osaka.

ところが、事故の場合は

    ◯   An accident happened here yesterday.
    ◯   An accident occurred here yesterday.
    ×   An accident took place here yesterday.

そして、「何があったのか誰も知らない」の場合は

    ◯   No one knows what happened.
    ◯   No one knows what occurred.
    ◯   No one knows what took place.

どの場合にどの動詞を使うかは、ケース・バイ・ケースと言えるでしょう。

　そういう意味ではやっかいな動詞です。ただし、happen は、「偶然、予定せずに起こる」場合に限られ、主語は、「事故（accident）」を除けば、通常、具体的な名詞ではなく it, this などの代名詞か what, something など漠然としたものになります。例えば、

> It happened on Sunday afternoon.
> （それは、日曜の午後起こった。）

> He looks strange. Something must have happened.
> （彼の表情がおかしい。何かあったに違いない。）

> Do you know what happened to her?
> （彼女に何があったか知ってますか?）

のような使い方が中心になります。そして、ハプニングではなく予定されたことが起こったり行なわれたりする場合には take place を用いて、happen は使いません。例えば、

> The next soccer game will take place at 13 o'clock on Sunday.
> （次のサッカーの試合は日曜の 13 時におこなわれます。）

> The robbery took place in broad daylight.
> （その強盗事件は白昼に起こった。）

このような場合には、happen を使うことはできません。しかも、

最初のサッカーの例では、happen だけでなく occur も使うことができませんが、2番目の強盗事件の例では、occur は使用できます。

　そこで、1〜3のような場合には別の言い方を知っておくと便利です。

　それは、「〜が起こった」を「〜があった」と言いかえて、There was 〜を使う方法です。これで 100% というわけにはいきませんが、地震・事故・火事・意見の対立などたいていの場合うまくいくので、覚えておきたい表現です。

　1、2、3を自然な英語に直します。

1. *There was* an earthquake here last night.

2. *There was* a serious problem between them.

3. *There was* a big fire in a busy part of Osaka.

その他の間違えやすい動詞

　これまでに述べた以外にも数多くの人がよく間違えて使う動詞がいくつかありますのでご紹介したいと思います。

　まずは take です。例を見て take を正しく訂正してください。

1. 我が家では朝食にはたいてい紅茶を飲みます。

We usually take tea with our breakfast.

私は今年運転免許を取りたいと思っています。

I hope to take my driver's license this year.

彼は定期券を忘れたので、それを取りに戻った。

He forgot his train pass, so he went back to take it.

---

take tea は辞書には載っていますが、とても古い表現で飲み物や食べ物にtake を使用するnative speaker は実際にはいません。飲み物はhave あるいはdrink を使ってください。ただし、薬を飲むのはtake medicine です。

　take の意味に「取る」「手に入れる」があるので、take a license は差し支えなさそうに思えますが、実は「免許を取る」は、get a license となります。免許や資格を取る時には先ず、授業（class）や講習（course）、そして試験（test）などをtake します。その結果、license やqualification（資格）を「手に入れる（get）」ことになります。

　「取りに帰る」時の「取る」は「手に入れる」という意味ではありませんので、take は使えません。ここでも、get を使用します。take には「持って行く」と言う意味もありますので、家で定期券をget した後は、その定期券をtake することになります。

では1の3つの英文を正しい形に直しましょう。

1. We usually *have / drink* tea with our breakfast.
   I hope to *get* my driver's license this year.
   He forgot his train pass, so he went back to *get* it.

次に下の英文の間違いを訂正してください。

2. **彼らは京都に行って有名な寺を見たいと思っている。**
   They want to trip to Kyoto and see the famous temples.

> trip が何か変だと分かれば正解です。trip は名詞として使いましょう。その時、使用する動詞は take (a trip) や go on (a trip) です。動詞として使用すれば「つまずく」という意味になるので、注意してください。他の動詞では travel も使えますし、単に go でも大丈夫です。

2 を正しい英語に直します。

2. They want to *travel / take a trip* to Kyoto and see the famous temples.

では、次の英語はいかがですか?

3. 彼はとても背が高く、たいてい黒いTシャツを着ています。

He is very tall and usually puts on a black T-shirt.

> put on A は「A を着る・身につける」という動作を表します。つまり、
>
> He puts on a black T-shirt.
>
> は、「彼は、黒のTシャツを着ます。」という動作を表すおかしな文になります。「着ている」と状態を表すのであればwear「身につけている」を使用しましょう。

3を正しく書き直します。

3. He is very tall and usually *wears* a black T-shirt.

次の英語の間違いを訂正してください。

4. 友人が私の誕生日を祝ってくれた。

My friends celebrated me on my birthday.

> 4、5、6のいずれも me や you を目的語にしていますが、celebrate「祝う」は、誕生日や勝利などの「めでたい事や日」を祝う言葉で、4のように、人を祝う事はできません。人を祝う時は
>
> My friends *congratulated* me on my birthday.
>
> と言います。

5. 彼らは私にケーキとちょっとした物をいくつかプレゼントしてくれた。

They presented me a cake and small gifts.

> presentには「贈呈する」という意味はあるのですが、式で賞などを与えたりする時に使用する非常に堅い言葉です。日常的な「プレゼントする」には使わないようにしましょう。giveで十分です。

6. 私はあなたに教えていただいて自信がついたのでとても感謝しています。

I really appreciate you for teaching me and giving me confidence.

> 人に感謝の意を伝えたい時、いつも
>   Thank you.
> ばかりになるので、少し違う表現も使いたいものです。そこでappreciateを使用したのですが、残念ながらこれは、「物・事」や「相手の行動など」を目的語にとります。例えば
>   I appreciate your help.
> は、問題ありません。ところが
>   I appreciate you.
> のように人を目的語にとりません。ここでは、少し難しい表現になりますが、「あなたが教えてくれたこと」を動名詞（〜ing）で表し、そこに「あなた」という

では、4、5、6を正しい英語に直しましょう。

4. My friends *celebrated* my birthday.

5. They *gave me* a cake and small gifts.

6. I really *appreciate your* teaching me and giving me confidence.

次の例文はいかがでしょうか？

7. 数週間後、その猿はまた足が使えるようになった。
After several weeks, the monkey became to use his legs again.

例えば、「〜が好きにる」「〜が分かるようになる」
のように「〜するようになる」と言う時、動詞 be-
come を使用する人が多くいます。例えば「英語を上
手に話せるようになりたい。」を
　　I want to become to speak English well.
のように言ってしまうケースです。確かにbecome
は「〜になる」なのですが、このように後に動詞や

to 不定詞をつけて「〜するようになる」という使い方はできないのです。こういう場合には、日本語にとらわれずに、「英語を上手に話したい。」と解して、

I want to speak English well.

とるすか、

I want to *become* a good English speaker.

としましょう。

なお、「〜するようになる」はbecome to 〜ではなく come to 〜を使用することはよくあります。例えば「最近、辛い物が好きになった。」は

Recently I've *come to* like spicy food.

と言うことができます。

7 を正しく書き直しましょう。

7. After several weeks, the monkey *came to* use his legs again.

では次の例文です。

8. 私は先月、茶道部を引退した。

I retired from the tea ceremony club last month.

これは学生の人たちの典型的な間違いです。retire は、通常、定年などで退職をする時に使います。ですから、10 代や 20 代の若者がretire するというと、とても奇

妙な響きになります。クラブなどを引退するのはquit
や leave を使いましょう。

8 を正しく書き直しましょう。

8. I *quit* / *left* the tea ceremony club last month.

では、次の例文です。

9. **例を1つ2つピックアップして、クラスで発表しよう。**
Let's pick up one or two examples and present them to the
class.

日本語では、例えば、「この5つの案の中から一番よ
いと思うのをピックアップしてください。」のように
「選ぶ」という意味に「ピックアップする」という言
い回しをよく使いますね。これは、英語の堪能な方で
もやってしまう間違いです。英語で「選ぶ」はpick
out（または単にpick）と言います。pick upの基本
の意味は「拾い上げる」です。そこから派生して「人
を迎えに行く」「部屋を片づける」「（途中で何かを）
買う」「（癖などを）身につける」など実に数多くの意
味に使用されています。最近では「セックスの相手を
見つける」などの意味にも使われるようになりました
が、「選ぶ」には使われないので気をつけましょう。

では、9 を正しい英語に直します。

9. Let's *pick out* one or two examples and present them to the class.

次の英文はいかがですか？

10. 私の祖父母は 2 匹の犬を飼っている。

My grandparents keep two dogs.

「ペットを飼う」という時に使用する動詞は通常 have です。keep はニワトリや豚や牛など「家畜を飼う」時に使用できます。

He keeps pigs and hens on his farm. （彼の農場では豚とニワトリを飼っている。）

しかしながら、

He raises pigs and hens on his farm.

のように raise の方がよく使われます。

10 を正しく書き直します。

10. My grandparents *have* two dogs and three cats.

次です。

11. 昨晩、本当に恐ろしい夢を見ました。

I saw a really scary dream last night.

> 日本語では夢は「見る」ものですが、英語では「頭の中で想像する」ものととらえるので、see a dream とは言わずに have a dream と言います。

11 を正しく直します。

11. I *had* a really scary dream last night.

次はどうでしょう。

12. まず最初にスープを飲むのがよいです。

You should drink the soup first.

> スープはおもに液体なので日本語では「飲む」と言いますが、英語では通常、スプーンで口に運ぶことから、「食べる」= eat を使います。

では、12 を正しい形に直しましょう。

12. You should *eat* the soup first.

《形容詞・副詞編》

$1\text{-}15$

間違えやすい形容詞

　形容詞は人や物（事）の状態やあり方を表す品詞ですが、日本語と英語の形容詞が完全に意味の上で一致する事はなかなかありません。意味がある程度は伝わるけれども少し違和感がある場合が多く、どの形容詞を選択するのかはとても難しい問題です。場合によっては、そのままカタカナで表記し、全く異なった意味で使用されている語もあります。その場合は、意図した意味が全然伝わらないということになります。そういった間違えやすいものをいくつかピックアウトしてみました。（日本語ではピックアップ（pick up）と言いますが、この場合は pick out となります。108–109 ページ参照。）

1. 何人かの幼稚園児を見ました。とても可愛かったです。

We saw some kindergarten children. They were very pretty.

> native speaker の目から見たとき、pretty は、特に日本の若い女性がよく使用する語の１つです。おそらく日本語で「カワイイー！」と言うことが多く、それを全て pretty で表現するからでしょう。ところが実際にはその pretty の対象は、女性・宝石・衣服・花・

間違えやすい形容詞

小さな女の子などかなり限定されています。小さな男の子に対して、cute は使いますが、pretty はあまり用いません。ましてや成人男子に pretty face などという事はない（！）ので気をつけましょう。そのような時は、good looking と言います。

2. **彼女は歌がとてもうまいし、スマートでおしゃれでかっこいい。**

Her songs are so nice and she is smart and stylish.

3. **彼女はナイーブなので、気持ちを傷つけないように気をつけましょう。**

She is naive, so be careful of her feelings.

2、3ともカタカナ語をそのまま英語にした例です。
日本語ではスマートというと、「身体が細い」という意味でよく使われますが、英語で smart は「賢い」という意味なので気をつけたいものです。イギリス英語では身なりが「きちんとした」「洗練された」という意味で使われることがあるので、そこから意味が転じて日本語では「細い」となったようです。今はやりのスマホ（スマートフォン）は「洗練されて賢い電話」ということでしょう。

　「彼女はナイーブだ。」と言えばそれは「彼女は繊細でデリケートな人だ。」という意味ですね。ところが英語の naive はよい意味では使われません。naive

が一般の大人に対して使われると、「経験や知識がとぼしく判断力のない、だまされやすい」というマイナスのイメージを伴うのです。

4. 私の家はとてもせまいです。

My house is really narrow.

narrowは「幅が狭い」ときに使う語でwideの反意語です。「面積が小さい」という意味でありません。a narrow houseは「間口の狭い細長い家」という意味になります。

5. 下手な英語をお許しください。

Please excuse my clumsy English.

clumsyは少し難しめの語かも知れませんが、「身体的に不器用な」「手先が不器用な」という意味か「気のきかないまずいやり方の」という意味で使われる語です。例えば、「私はclumsyで上手に靴ひもが結べない。」のように使います。

6. ジョギングはとてもおもしろい。

Jogging is very interesting.

interesting =「おもしろい」と覚えている人は多い
ですが、interestingは「楽しい」の意味の「おもしろ
い」とは一致しません。「自分の知的な面をかき立て
られて、興味が惹かれる」というおもしろさを表しま
す。例えばan interesting movie とか an interesting
bookと言うと、それを見終わったり、読み終わった
後にその映画（または本）の内容について人と意見を
交わしたくなるようなおもしろさです。

Jogging is interesting.
と言えば、「その奥深さなどに感銘してジョギングは
興味深いスポーツだ。」という意味になります。けっ
して「ジョギングは楽しい。」ではないので注意しま
しょう。「楽しい」にはfunやenjoyableなどを用い
ます。

7. キャシーの英会話の授業を取れないのが残念だ。

I am regrettable that I cannot take Kathy's English Conversation class.

regrettable は「（物事や出来事が）残念な」という
意味で使い、「そのことが起こらなければよかったの
に」という意味合いを持ちます。ですから、

His death is regrettable.
とは言えても人を主語にした

I am regrettable.
は、英語として成立しません。ただし、動詞 regret

を用いて

> I regret that I cannot take Kathy's English Conversa-
> tion class.

とすることはできますが、とてもformalな感じに
なってしまいます。

8. 私の一番好きな曲は福山雅治の「虹」です。

My most favorite music is "Niji" by Masaharu Fukuyama.

favoriteは早い時期に覚える単語の1つと思いますが、
「一番好きな」という意味ですので、そこにさらに
mostやbestをつけることはできません。× *my like*
～、× *my most like* ～なども耳にすることがありま
すが、こういう言い方はしません。my favorite ～で
覚えておきましょう。

9. 私のアパートは動物禁止なので、自分のペットが飼えない。

My apartment does not allow animals, so I cannot have my pet.

my ～という表現は基本的には「もう既に自分のもの
になっているもの」に使用する表現です。「まだ自分
の物ではない」時には普通は不定冠詞のa (an) で表し
ます。つまり、

> ○　I bought my car last August.
> ×　I'll buy my car next month.

○ I'll buy a car next month.

ということです。

　蛇足になりますが、日本語で一般的に「自分の〜」と言うために名詞の前にマイをつけて、マイホーム・マイカー・マイペースなどの言葉があります。もちろんこれらは英語でそのまま（一般的な意味で）使用するわけにはいかないので注意してください。「マイペースで歩いてください。」は

　　Please walk at your own pace.

ですね。

10. 私の父は、とても真面目な人です。

My father is a very earnest man.

11. 今度のカナダ人の先生はとても熱心だ。

The new Canadian teacher is very diligent.

「真面目な」「熱心な」「勤勉な」という意味で、earnest や diligent を使う人がたくさんいます。正しい語なのですが、formal で堅苦しい響きがあり native speaker はあまり使用しません。特に日常会話の中で使用されることはまれです。serious, sincere, hard working などを使うとよいでしょう。

それでは、1〜11の英語を自然な英語に直しましょう。

1. We saw some kindergarten children. They were very *cute*.

2. Her songs are so nice and she is *slim* and stylish.

3. She is *sensitive*, so be careful of her feelings.

4. My house is really *small*.

5. Please excuse my *poor/weak* English.

6. Jogging is very *enjoyable/fun*.

7. *It's too bad/ It's a shame/ It's a pity* that I cannot take Kathy's English Conversation class.

8. My *favorite* music is "Niji" by Masaharu Fukuyama.

9. My apartment does not allow animals so I cannot have *a* pet.

10. My father is a very *serious/ sincere* man.

11. The new Canadian teacher is very *hard working*.

英語が堪能な人は語彙力が豊富で、ある語を選択する時にも、

複数の同義語の中から、適切な語を選んで使用しています。使用できる語が多ければ多いほど、表現力も豊かになります。自分で使用できる語彙のことを active vocabulary、使用することはできないけれど、聞いたり、読んだりして分かる語彙を passive vocabulary と言います。私の手持ちのペーパーバックの類語辞典（thesaurus）には、例えば、a big garden と言う時に big の代わりに使用可能な同義語が large, huge, enormous など 30 語ほど記載されています。また、a big man と言う時に big 以外に使用可能な同義語が hefty, strapping, husky など 40 語ほど記載されています。active vocabulary を増やして、豊かな表現力を身につけるために、皆さんも類語辞典（thesaurus）を一冊、手元に置かれてはいかがでしょうか。

1-16

副詞の使い方

副詞とは、形容詞や動詞を修飾する語です。例えば、very beautiful の very（とても）や、try hard の hard（一生懸命）は副詞です。さらに、文頭で使用して、文全体を修飾することもあります。ところが、その使い方を間違えるケースが多く見うけられます。下の例をご覧ください。

1. 彼らは自信を持ってインタビューに答えた。

Confidently they answered all of the interviewer's questions.

2. 特に AKB48 が好きです。

Especially I like AKB48.

> 副詞 Confidently と Especially で文が始まっていますが、1 の confidently（自信満々に）は answer（答える）を、そして 2 の especially（特に）は like（好きだ）を修飾する語です。副詞が動詞を修飾する場合は、ふつう動詞の直前か直後に副詞を置きます。この場合は直前に置きます。2 の例文のように、especially で文を始める人がとても多く見られます。日本語では、「特に健康には気をつけましょう。」と「特に」で文を始めることができるからだと考えられます。副詞を文頭に置く場合は、
>
> Fortunately it was a nice day yesterday.
>
> （幸いなことに昨日は天気がよかった。）
>
> のように、副詞が文全体を修飾する時に限ります。

3. その映画は、もう一回見たいと思うほどのものではなかった。

The movie was not enough good to watch again.

> enough（十分）は「十分大きい」「十分早い」のように副詞として形容詞を修飾しますが、語順に気をつけましょう。日本語とは異なり、big enough という語順になります。「十分なお金」のように形容詞として名詞を修飾する場合は enough money という日本語と同じ語順になるので、間違いが起こりやすい語な

のです。

4. 最近、たくさんの外国人が奈良にやって来る。

Recently many foreigners come to Nara.

> recently は「最近」という意味ですが、
>
> ○ There was a big accident here *recently*.
>
> ○ *Recently* there have been many accidents here.
>
> のように過去形か現在完了形と一緒に使用します。
> 「最近、たくさんの嫌な事件がおこっている。」
>
> × *Recently* there are many terrible incidents.
>
> のように現在形とともには使用できません。現在形の文ではtodayやthese daysやnowadaysなどを用います。
>
> ○ *These days* there are many terrible incidents.

5. 時計を一生懸命探したのに見つからなかった。

I looked for my watch hardly but I couldn't find it.

> hardly は「ほとんど〜ない」という意味で否定の意味を含む語です。hardly はhardの副詞形と勘違いしている人がいますが、hardにはa hard question「難しい問題」やa hard situation「きびしい状況」のような形容詞用法のほかに、work hard「一生懸命働く」のように副詞としても使います。

hardly は下の例文のように、否定語だと覚えてお
きましょう。

I *hardly* recognized her with her new haircut.

（彼女が髪を切ったので、彼女とはほとんど分から
なかった。）

He was so exhausted after the race that he could
hardly stand up.

（彼はレースの後、ほとんど立てないほど疲れていた。）

6. 幸いなことに彼女の姉にロンドンで会うことができた。

Happily we could meet her sister in London.

日本文の中の「幸いなことに」は、別の言葉に言いか
えると「幸運にも」という意味で、「幸せに」という
意味ではありません。ここでは、fortunately（幸運
にも）を使いましょう。happily（幸せに）は、下の
例文のように使います。

They live happily in the country.

（彼らは田舎で幸せに暮らしています。）

7. 授業の後、新しい友達といっぱい話をした。

I talked much with my new friends after class.

実はこの例文のmuch（たくさん）は、間違いではあ
りませんが、formalな印象を与え、native speaker

は否定文や疑問文では使いますが、肯定文では普通あまり使用しません。例えば、

She doesn't drive much.

（彼女はあまり運転しない。）

Do you see him much?

（彼によく会いますか?）

は、自然な英語ですが、肯定文の時には、そして特に日常会話の中では、a lot を使用する傾向が強いのです。このことは形容詞の much にも当てはまります。下の例を見てください。

We'll have much free time next week.

（来週には自由な時間がかなりできるだろう。）

この英文は間違いではないのですが、普通は

We'll have *a lot of* free time next week.

と言うか、よりくだけた言い方では lots of を使います。

8. 昨夜のオペラ歌手はとても素晴らしかった。

The opera singers we heard last night were very excellent.

この very も間違いとまでは言えませんが、excellent という語が「とてもすぐれた」という意味なので、さらに very で修飾すると奇妙な響きになります。それでも、excellent をより強調して、わざと（特に女性に多い）大げさに言うこともありますが、そのとき用いる副詞は

really excellent, *truly* excellent, *totally* excellent, *ab-*

solutely excellent

などです。このように程度が「極めてすごい」という形容詞は、他に *great, superb, gorgeous* などが挙げられます。また、悪い意味での極端な程度を表す語としては、*awful, terrible, horrible* などがあります。これらの語も、very をつけると奇妙な響きになります。

9. その赤ちゃんはちょっと泣いたと思ったら、すぐ笑顔になる。

The baby often cries for one or two minutes and then he smiles soon.

soon は「すぐに」という意味ですが、「即座に」ということではありません。例えば、

The room became warm soon after he turned on the heater.

は、「スイッチを入れた瞬間に暖かくなった」のではなく「何分かしてから暖かくなった。」という意味です。soon は、「瞬間に」「即座に」ほど「すぐ」でないのです。「即座に」は right away を使いましょう。

10. 彼は私より早く病院を出た。

He left the hospital earlier than me.

early は「（予定していた時間より・定刻より）早く」

という意味で、例文のように「私より早く」という使い方はできません。例えば、

We got to the station *early*.

のように、「（電車の発車時間より）駅に早く着いた」といった使い方です。ここでは「私より前に」と考えて before を使います。

では、1〜10 の例を、自然な英語に直しましょう。

1. They *confidently* answered all of the interviewer's questions.

2. I *especially* like AKB48.

3. The movie was not *good enough* to watch again.

4. *Nowadays*, many foreigners come to Nara.

5. I looked *hard* for my watch but I couldn't find it.

6. *Fortunately* we could meet her sister in London.

7. I talked *a lot* with my new friends after class.

8. The singers we heard were (*really/truly*) excellent.

9. The baby often cries for one or two minutes and then he smiles

right away.

10. He left the hospital *before* me.

よく見られる語法上の誤り

a と the

　英語学習者を悩ませる問題の1つに、不定冠詞 a と定冠詞 the があります。冠詞というものが日本語にないだけに、つけ忘れることもしばしばです。また、the と言うべきところを a にしたり、その逆にしたり非常に頭の痛い問題と言えます。a なのか the なのか、どちらでもよいのか、それとも無冠詞なのか、細かな議論になると本書の扱う範疇をはるかに超えたものになりますので、ここでは、基本的なよく見られるミスについて説明したいと思います。

　英語の名詞には、可算名詞（1つ2つと数えることのできる名詞）と不可算名詞（水のように量で表すことはできても1つ2つと数えることのできない名詞）があります。可算名詞の単数形には、不定冠詞の a（an）か定冠詞の the のどちらかを付けます。a book (an umbrella) のように不定冠詞をつけるのはその語について初めて言及する時です。そして、一度言及したものを次に言及する時には、定冠詞 the を使うのが原則です。

　例えば、

　「昨日、ある本を読み始めた時、友人が訪ねてきました。
　その本は、とてもおもしろくて、読むのを止めたくなかっ
　たのですが。」

を英語に直せば、

I had just started reading *a new book* yesterday when my friend stopped by. *The book* was so good that I didn't want to stop reading.

となります。最初に a book と言った後、その本のことに言及する時には the book と言います。

また、最初から the にする場合もあります。それは、その対象物が聞き手にとって明らかな場合です。例えば、「昨日公園に行ったんだ。」と言う時、近くに公園が1つしか無く、公園と言えばどの公園か明らかな場合などには、最初から the park とします。

では、次の3つの例を見て、なぜ冠詞の使い方が誤っているのか考えてみてください。

1. 私の寝室の窓から月が見えます。

I can see a moon from my bedroom window.

> 月を a moon と言ってしまうと、たくさんの月のうちの1つを指すことになります。木星ならたくさんの月、すなわち衛星があるのでそれでいいのですが、私たちにとっては、月や太陽と言えば、1つしかないわけですから、月は the moon で、太陽は the sun と the をつけて表現します。

2. うちの学校の学生食堂はせますぎる。

A cafeteria in our school is too small.

A cafeteria in our school と言うと「いくつかあるうちの1つ」ということを表します。学生食堂が1つしかない場合は、定冠詞を付して the cafeteria in our school のように言います。

3. 私のホストマザーが、本と指輪をくれました。私はその指輪が大好きです。

My host mom gave me a book and a ring. I love a ring so much.

最初の文はこれでいいのですが、第2文のその指輪が a ring になっています。これでは「その指輪」ではなく「ある指輪」となってしまい、意味をなしません。第2文の a は the に変えましょう。

では、1〜3の英語を正しく直します。

1. I can see *the* moon from my bedroom window.

2. *The* cafeteria in our school is too small.

3. My host mom gave me a book and a ring. I love *the* ring so much.

では、次の4、5の例を見てください。

4. 私は宮崎駿の映画は数本見ました。

I have seen several of Miyazaki Hayao movies.

5. うちのゼミから 5 人の学生がその学会に出席します。

Five of students from our seminar class will attend the conference.

「何人かの学生たち」と言う時、some students と言う場合と some of the students のように表現する 2 つの方法があります。違いは、前者が単に「何人かの学生たち」という意味なのに対して、後者は「その学生たちのうちの何人か」、つまり「ある限定された人たちのうち何人か」という意味になります。言いかえると、of のあとには範囲を限定するための the や those, these, my といった言葉が必要になるのです。このことは some だけに限ったことではなく、次のように many, any , all などでも同じことが言えます。

$\begin{cases} \text{some students} & \text{（何人かの学生）} \\ \text{some of the students} & \text{（その学生のうちの何人か）} \end{cases}$

$\begin{cases} \text{many students} & \text{（多くの学生）} \\ \text{many of my students} & \text{（私の学生のうちの多く）} \end{cases}$

$\begin{cases} \text{any student} & \text{（どんな学生でも）} \\ \text{any of those students} & \text{（その学生たちのうちの誰でも）} \end{cases}$

$$\begin{cases} \text{all students} & \text{（全ての学生）} \\ \text{all (of) the students} & \text{（その学生の全て）} \end{cases}$$

$$\begin{cases} \text{no students} & \text{（どの学生も～ない）} \\ \text{none of the students} & \text{（その学生のうちの誰も～ない）} \end{cases}$$

$$\begin{cases} \text{much money} & \text{（たくさんのお金）} \\ \text{much of the money} & \text{（そのお金のうちの多く）} \end{cases}$$

それでは、4、5の英語を正しく書き直しましょう。

4. I have seen *several of the* Miyazaki Hayao movies.

5. *Five of the students from our seminar class* will attend the conference.

冠詞の話をもう少し続けます。次の2つの英文には誤りがあります。見つけて訂正してください。

6. 日本人は自然を愛する。

Japanese people love the nature.

「自然」はthe natureではなくてnatureのように冠詞をつけません。natureは、抽象名詞という部類に属します。抽象名詞は人が作り出した抽象的な概念を

指す名詞で、例えば、love（愛）、happiness（幸福）、knowledge（知識）、hope（希望）、health（健康）、などたくさんあります。抽象名詞は原則的には不可算名詞で通常、無冠詞にします。

7. 一般的に言えば、男子の方が女子よりスポーツが好きだ。

Generally speaking, the boys enjoy sports more than the girls.

例えば、一般的に「ピアノの方がオルガンより高い」と言う時、ピアノはどう表せばよいと思いますか？ pianoでしょうか、それとも a piano, pianos, the piano, the pianos と色々考えられますね。一般的に何かを総称して呼ぶ時、最も一般的なのは無冠詞複数です。ですから、「ピアノの方がオルガンより高い」は

Pianos are more expensive than organs.

となります。7の男子（女子）は一般的な意味で使われていますので、boys（girls）となります。

それでは、6と7を正しく書き直しましょう。

6. Japanese people love *nature*.

7. Generally speaking, *boys* enjoy sports more than *girls*.

8〜10の英語を読んで、その間違いを指摘し訂正してください。

8. 友達とディズニーランドに行くことになっています。

My friend and I are going to the Disneyland together.

> ディズニーランドは、「日本」「日本航空」「ハーバード大学」などと同じく固有名詞です。固有名詞には、aやtheなどの冠詞はつけないのが基本です。次のように、海や川、ホテル、レストラン、劇場、博物館、図書館などの名前には、the Pacific Ocean（太平洋）、the Mississippi River（ミシシッピー川）、the Hilton Hotel（ヒルトンホテル）、the Museum of Modern Art（近代美術ミュージアム）のようにtheがつきますが、あくまで例外だと考えてください。

9. 昨夜寝ていた時、外で大きな音がしました。

When I was in the bed last night, I heard a loud noise outside.

> 「寝ていた」を、I was in the bedとしていますが、これは、the bed（そのベッド）の定冠詞theを取りましょう。定冠詞theをつけると、特定のベッドに寝ていたことになります。

10. 夕食は何時に食べましょうか？

What time will we eat the dinner?

「（一般に）夕食を食べる」は the dinner（その夕食）
ではなく dinner としましょう。

　9 や 10 のような表現は、あまり理屈にとらわれずに、慣用的
な表現として覚えてしまった方が得策です。他にも「どの場所」
かや「どの〜か」ではなく内容を強調するために冠詞を付けない
慣用的な言い回しとして、下記のような表現がありますので、覚
えておきましょう。

go to school（学校に行く）
go to church（教会に行く）
go by train / bus / bicycle など（電車／バス／自転車など
　　　　　　　　　　　　　　　　　で行く）
eat breakfast / lunch / dinner（朝食／昼食／夕食を食べる）
at noon（正午に）
around midnight（真夜中に）

では、8 〜 10 を正しい形に書き直しましょう。

8. My friend and I are going to *Disneyland* together.

9. When I was *in bed* last night, I heard a loud noise outside.

10. What time will we eat *dinner?*

感情・心情を表す動詞

「楽しい」、「わくわくする」、「がっかりだ」などの心情や感情を表す動詞は多数ありますが、これらを間違った形で使用する人が数多くいます。

次の例を見てどこが間違っているのか指摘し訂正して下さい。

1. あの授業はとても退屈だ。
   We are so boring in that class.

2. 私は写真を撮ることにとても興味があります。
   I'm interesting in taking photographs.

3. こんな所であなたにお会いしてとても驚いています。
   I am very surprising to see you here.

人の感情や心情を表す動詞を挙げてみますと、

surprise（驚かせる）、excite（興奮させる）、bore（退屈させる）、please（喜ばせる）、satisfy（満足させる）、disappoint（失望させる）、encourage（励ます）、discourage（やる気をなくさせる）、interest（興味を持たせる）、confuse（混乱させる）、depress（憂鬱にさせる）

など、日常よく使用する動詞だけでもとてもたくさんあります。これらの動詞はほぼすべて、人を目的語にとる他動詞で、「人（目的語）を〜させる」という意味です。使い方は下のようになります。

The news surprised us very much.
（そのニュースは私たちをとても驚かせた。）

The book interested him.
（その本は彼の興味を引いた。）

　これらの英語から目的語の「人」を主語にして表すと、形式的には受動態の形をとることになりますが、通常の受動態とは大きく異なるところがあります。つまり、もとの英語の主語に by をつけるのではなく、使われる動詞に応じた前置詞が用いられるところです。たとえば、上の英語は次のようになります。

We were very surprised at the news.
（私たちはそのニュースにとても驚いた。）

He was interested in the book.
（彼はその本に興味を持った。）

となります。このように、人の感情や心情を表すには、動詞の過去分詞形で表すのが原則です。それぞれ前置詞の at, in に注意しましょう。

それでは、1〜3の英文を正しい形に直しましょう。

1. We are so *bored* in that class.

2. I'm *interested* in taking photographs.

3. I am very *surprised* to see you here.

　上記の感情や心情を表す動詞の後に ing をつけて、surprising や exciting となることもあります。この場合は、「人を surprise させるような」「人を excite させるような」という意味の形容詞となります。例えば、

　The result of the test was *surprising*.
　（そのテストの結果は驚きだった。）

　The game was very *exciting*.
　（その試合はとても白熱した試合だった。）

という具合です。
　なお、「人が主語に来るときは必ず受動態にする。」と機械的な覚え方をしている人もありますが、人を主語にして、be + 〜 ing の場合もあります。次の文の意味を考えてみてください。

　That teacher is really *boring*.

お分かりでしょうか？　これは、「あの先生（の授業）は本当に退屈だ。」という意味になります。

(2-3)

Yes か No か

次の英文を見て間違いを訂正してください。

1. Q：昨日コンサートに行かなかったの？
   A：うん、行かなかったよ。

   Q：You didn't go to the concert?
   A：Yes, I didn't.

2. Q：朝食、食べてないの？
   A：はい、寝過ごしてしまったので。

   Q：You had nothing for breakfast?
   A：Yes, I overslept.

3. Q：お酒は好きじゃないんですか？
   A：とんでもない、ほとんど毎晩飲んでますよ。

   Q：You don't like to drink alcohol?
   A：No, I drink almost every night.

1〜3の質問に対して Yes、No で答える時に、よく陥る落とし穴があります。例えば、「あなたは辛い物は好きではないのですか?」と聞かれて、好きでない場合、

「はい、辛い物は苦手なんですよ。」
Yes, I don't like spicy food.

と答える人が非常に多くいます。ところが英語では、この場合 No で答えなければなりません。つまり、「はい、辛い物は苦手なんですよ。」は

No, I don't like spicy food.

となります。

　ここで、知っておかなければいけないのは、Yes の後には常に肯定文、No の後には常に否定文が続くということです。

Yes, I do. 　　　 Yes, I am. 　　　 Yes, I will.

No, I don't. 　　 No, I'm not. 　　 No, I will not.

つまり、Yes, I don't. や No, I do. という英語はありません。質問文が、肯定文でも否定文でも答え方は変わらないのです。

Do you like sushi?

Don't you like sushi?

どちらの形で聞かれても答えは、好きなら Yes, I do. 嫌いなら No, I don't. となります。日本に住む外国人が日本語で話す時にも同じように「はい」「いいえ」の問題がよく起こります。もっとも日本人とは逆の間違い方をするのですが。文化が異なれば返事の仕方も異なるというおもしろい例の1つですね。実は、上記の日本語の「はい」に当たる語が英語にもあります。それは、right です。

Q：You don't like sushi, do you?
A：Right.

Q：寿司が好きではないのですね。
A：はい、 その通りです。

Yes、No の使い方に慣れるまでは、right も便利かも知れません。ここで、 もう1つおもしろい例を紹介します。質問者が

You didn't go to the party last night?
昨日、パーティーに行かなかったの？

と聞いたとします。答える側が、言葉に出さずに首を縦にふってうなずきました。さて、パーティーに行ったのでしょうか？行かなかったのでしょうか？ 実は、うなずく（nod）のは Yes, I did. なのです。つまり、「行った」という意味になります。逆に、首を振る（shake one's head）は No, I didn't. というのと同じです。

それでは、1〜3の英語を正しく直しましょう。

1. Q：You didn't go to the concert?
   A：*No*, I didn't.

2. Q：You had nothing for breakfast?
   A：*No*, I overslept.

3. Q：You don't like to drink alcohol?
   A：*Yes*, I drink almost every night.

　会話の中で、相手の申し出を断ったり、相手の意見に否定的な返事をするために、No と言わなければならないことは日常かなり頻繁に起こります。日本人は、はっきりと No と言えずに、曖昧に答えることが多いので欧米人と話す時には、「誤解を招かないために、No の時は No とはっきり言いましょう。」とよく言われます。そして、このことはとても重要なことです。ところが、その場合に知っておきたいことがもう 1 つあります。それは、No の言い方に関することです。確かに Yes か No かは、相手に的確に伝えないといけないのですが、No を強く表現することで、相手にショッキングな印象を与えてしまうケースが多くあります。もちろん、英語が母国語ではないので相手も察してはくれますが、できれば、嫌な感じを相手に残さないように、少しやわらかく No を伝えたいものです。そのためには、No の直前に、Actually, をつけて、

Actually, no.

と言うと、強い響きが緩和されます。その他にも To tell the truth, や As a matter of fact, や Honestly speaking, なども同様に使うことができるので覚えておくと便利です。

曖昧な表現

　日本人は、はっきりと自分の意見を伝えて相手と対立するよりは、相手の意見に合わせたり、オブラートに包んだような柔らかい表現を使って和を重んじる方を選ぶと言われます。英語にも主張や表現を和らげるために、会話の中で "kind of" や "sort of" を形容詞や動詞の前に付けたりすることがありますが、このようなことは、社会言語学的には、特に女性の発話の特徴だと見なされています。

　日本人は曖昧すぎる表現を使って、「主張が弱い」とか「ためらいすぎだ」と見なされることがよくあります。

　さて、次の英語を見て、上述の点を見抜いてください。

1. **海外に旅行するのはよいことだと思います。**
   Traveling abroad is a good thing, I think.

文法的には誤りではありませんが、文末に I think を

付け加えると、自分の主張を弱めることになります。日本語で「～と思います。」と言うので、それと同じ発想で最後に I think を付け加えてしまうのですが、決して好ましくありません。意見として言うのなら、最初に I think で始めましょう。文を言い終えた後、I think, I feel, I believe を付け加えるのは英語をかなりのレベルでこなす人たちにも見られる傾向です。

2. Q：今、お忙しいですか?
　 A：ええ、まあ。

　 Q：Are you busy?
　 A：Maybe, yes.

あなた自身の状態について聞かれているのですから、はっきりと答えましょう。maybe は「よく分からない」という意味です。「明日の飲み会に来れますか?」と聞かれて "Maybe" と答えると、行くのは 50％の確率だと答えていることになります。"Maybe yes, maybe no."「ひょっとしたら行くし、ひょっとしたら行かない」という意味なのです。

3. Q：週末はいかがでしたか?
　 A：よかったと思います。

Q：How was your weekend?

A：It was good, I think.

> I think を文末に付けると、1と同様、主張を弱めます
> が、主張や考えというより、あなた自身のことなの
> ですから、これもはっきりと答えましょう。文頭にI
> think を持ってきても、「どんな週末だったかよく覚え
> ていない」というような変な印象を与えることになり
> ます。

次に、4の英語を見てどこが変か考えてみてください。

4. 何か冷たい物を飲みたいと思います。

I think I want to drink something cold.

> want to do は「〜したいと思う」という意味ですから、
> さらに I think 「思う」をつけると奇妙な文になります。

それでは 1 〜 4 を自然な英語に直しましょう。

1. I think traveling abroad is a good thing.

2. Q：Are you busy?

   A：Yes, I am.

3. Q：How was your weekend?

   A：It was good.

4. I want to drink something cold.

2-5

ever の使い方

ever の意味は、現在完了とともに用いて「今までに」と覚えている人が多いと思います。では、次の1の英語を見て、どこがおかしいかお分かりですか？

1.私は今までに東京ディズニーランドに行ったことがあります。
I have ever been to Tokyo Disneyland.

ever を「今までに～したことがある」という意味で使う人がありますが、ever は肯定の平叙文の中で用いることはありません。

ever には下記のような使い方がありますが、特に最初の2つが基本的な用法です。しっかりと覚えておきましょう。

＊疑問文で
Have you ever been to a foreign country?
（外国に行ったことありますか?）

＊「今までに〜した中で最も……」の構文で

This is the greatest movie I have ever seen.

（これは今までに見た中で最高の映画だ。）

＊ if に導かれる節の中で

If you ever go to Tokyo, you should check out Tokyo Disneyland.

（もし東京に行くようなことがあれば、東京ディズニーランドは見ておいた方がいいですよ。）

＊疑問詞のあとで

What ever does he think he's doing?

（いったい彼は何をしていると考えているのだろうか?）

では 1 の英語を正しく直しましょう。

1. I have been to Tokyo Disneyland.

2-6

almost と most

「ほとんどの人が……」「私の会社の社員のほとんどは……」などを英語に直す時によく陥る間違いがあります。下の英語を見てどこが間違っているか考えてみてください。

1. ほとんどの人が毎日忙しい生活を送っている。

Almost people are busy every day.

> almostの意味は「ほとんど」と覚えている人が「ほとんど」です。それで正しいのですが、1のようにalmost peopleという使い方はできません。実は、日本語の問題になりますが、「ほとんど」という言葉には2つの意味があります。「ほとんどの人」や「ほとんどの国」と言う時の「ほとんどの」は形容詞で「大半の」「大多数の」という意味です。一方、「ほとんど完璧だ」や「ほとんど真夜中だ」と言う時の「ほとんど」は「ほぼ」あるいは「〜に非常に近い」という意味の副詞です。almostというのは後者の「ほぼ」「〜に非常に近い」という意味なのです。ですから、almost peopleと言ってしまうと、「ほぼ人々」と言っている感じになります。「ほぼ」の後に「全て」を付け加えて、「ほぼ全ての」と言えば、「大半」という意味ですから、almost all the people, almost everyoneと言えば通じます。

2. 私の友達のほとんどは大阪に住んでいる。

Almost of my friends live in Osaka.

> almostは、品詞としては副詞ですから、almost ofのようにofを直接従える使い方はできません。「大半」や「大多数」を表すmostを使って、most ofとする

3. 日本では、ほとんどの人は会社勤めだ。

In Japan, most of people work for companies.

most には形容詞と代名詞があり、「ほとんどの人」と言う時、形容詞を使った most people という言い方と、名詞を使った most of the people という言い方があります。前者は「一般的にたいていの人」という意味を表しますが、後者は「その人々（the people）のうちのほとんど」という意味で、「ある限定された範囲の人々に関してそのうちほとんど」という意味になります。このことは、2-1 の 4、5（131–132 ページ）でも言及しましたが、後者の most of A の A は限定を示す the やそれに変わるものが必要になります。

1〜3 を正しく書き直しましょう。

1. *Most people* are busy every day.

2. *Almost all of my friends* live in Osaka.

3. In Japan, *most people* work for companies.

では 4 の英語の間違いを指摘してください。

4.「あなたはどんな学生生活をおくりましたか?」
　「ほとんど、コンビニでバイトしてました。」

"What was your college life like?"
"Almost I worked at the convenience store."

> 「ほとんど、コンビニでバイトしてました。」の「ほとんど」は日本語では違和感無く伝わりますが、英語ではこのようにalmostを使用することはありません。この「ほとんど」はもう少し正確に表せば、「学生時代のほとんどをコンビニでバイトして過ごしました。」あるいは「ほとんどいつも（ほとんど毎日）コンビニでバイトしてました。」ということですから、英語ではそのように言い換える必要があります。

では 4 の英語を正しく書き直しましょう。

4. I *almost always* worked at the convenience store.
　I *usually* worked at the convenience store.
　I *spent most of my college life* working at the convenience store.

there の間違った使い方

native speaker の中にも、there とその同音異義語の their や they're を間違って混同してしまう人もいるようですが、日本人によく見られる間違いは、there の品詞にかかわる思い違いです。

下の1〜3の間違いを指摘し訂正してください。

1. 私は和歌山出身ですが、そこはとても美しいです。

I'm from Wakayama. There is very beautiful.

> 日本語にとらわれて、there を主語にしていますが、副詞なので主語にすることはできません。there は「そこ」ではなく「そこに、そこで」と理解しましょう。

2. サムは京都に住んでいますが、彼はそこをとても気に入っています。

Sam lives in Kyoto. He loves there.

> 1と同様、副詞なので、他動詞の目的語として使うこともできません。他動詞の目的語は名詞です。

3. 私の犬は近くの公園が大好きで、私はいつも散歩にそこへ
連れて行きます。

My dog loves the nearby park. I always take him to there for
a walk.

> 「そこに行く」は "go to there" ではなく "go there"
> です。to の意味を「に」だと考えてみてください。
> there の意味は「そこに」ですから、go to there は「そ
> こにに行く」と「に」を 2 度使用するような感じだと
> 考えましょう。3 の take（連れて行く）でも同じよう
> に to は不要です。

　there には名詞もありますが、基本的には副詞として使います。
名詞としての使い方は限られているので、まずは副詞として理解
しましょう。

では、1 ～ 3 の英語を正しく直しましょう。

1. I'm from Wakayama. It is very beautiful *there*.

2. Sam lives in Kyoto. He loves it *there*.

3. My dog loves the nearby park. I always take him *there* for a walk.

人や物の存在を表す時には次のように There is ……や There are

......を使います。これは「そこに......がある（いる）」という意味ではなく、単に存在「ある（いる）」を意味します。どこに「ある（いる）」かは、文尾に付け加えます。

There is a magazine on the table.（単数の可算名詞）
（テーブルの上に雑誌が1冊あります。）

There are many people in the room.（複数の可算名詞）
（その部屋にはたくさんの人がいます。）

There is some milk in the bottle.（不可算名詞）
（そのビンには牛乳が入っています。）

4の例文を見てください。どこが間違いか分かりますか？

4. 奈良には東大寺があります。

There is Todaiji Temple in Nara.

> There is ......、There are ......（......があります）の構文で、There is (are) の後にはいつも不特定の名詞を置きます。不特定の名詞というのは、「ある1冊の本」とか「3人の人」のように「何」あるいは「誰」かを特定できない名詞で、「その本」や「その3人」と言うと特定の名詞になります。
>
> 例えば特定の名詞を There is ......の後に置いて、
> ×　There was this book on the table.

> 「この本はテーブルの上にありました。」
> とすることはできません。このような場合には
> 　○　This book was on the table.
> としなければなりません。
> 　固有名詞も特定の名詞ですから、4ではThere is
> ......を使用することはできません。

4を正しく直すと

4. Todaiji Temple is in Nara.

となります。

次に、5の英語を見てください。

5. 新しいコーヒーショップが一軒、駅の近くにあります。
A new coffee shop is near the station.

> これは、間違いではありませんが、native speaker
> には自然な英語には聞こえません。不特定の物がある
> と言う時には、4とは逆に、
> 　There is (are) ......
> を使うようにしましょう。その方が自然な英語なの
> です。

では、5を自然な英語に直しましょう。

5. *There* is a new coffee shop near the station.

How about ...... ? How do you think of ...... ?

例えば、「日本の生活はいかがですか?」「和食はどうですか?」「新幹線はどうですか?」など、相手がある事柄をどの程度気に入っているかを尋ねたい状況は、しばしば起こります。次の2つの例文を見て間違いを指摘し訂正してください。

1. 日本はいかがですか?

How about Japan?

> 「〜はいかがですか?」を How about ...... ?と記憶している人もおられるでしょう。How about ...... ?は、例えば、相手が「エビはアレルギーで食べられない」と言ったので「カニ(に関して)はどうですか?」と尋ねる時に
>
> *How about* crab?
>
> と聞いたり、相手を誘いかける時に「映画はどうですか?」
>
> *How about* a movie?
>
> のように使います。

2. 日本の文化はいかがですか？

How do you think of Japanese culture?

> *How do* you think of (about) ...... ? も日本人がよく使う英語ですが、「～についてどう思うか?」は、基本的には
>
> *What* do you *think* of (about) ...... ?
>
> *How* do you *feel* about ...... ?
>
> と覚えておきましょう。
>
> また、「～はどれくらい好きですか?」は
>
> *How do you like* ...... ?
>
> が、定番です。

では、1、2 を正しい英語に直しましょう。

1. *What do you think of* Japan?

2. *What do you think of* Japanese culture?
   How do you like Japanese culture?

接続詞

接続詞を使った例文1〜4を読んで、間違いを訂正してください。

1. 私は行くことができません。なぜなら、仕事があるのです。
   I can't go. Because, I have to work.

2. 少しお金が必要です。だから、仕事を見つけなければなりません。
   I need some money. So, I have to find a job.

3. 私は英語が下手です。でも、外国人と話がしたいと思っています。
   I'm not good at English. But, I want to communicate with foreigners.

4. 私は、カリフォルニアが大好きです。そして、将来はそこに住みたいと思っています。
   I love California. And, I want to live there in the future.

「なぜなら」「だから」「しかし」「そして」などを書く時には、よくその直後に、読点「、」を付けますが、英語では、becauseやsoやbutやandの後にコンマを置いて文をはじめることはありません。日本語から

の直訳的な発想ですが、よく見かける間違いなので気をつけましょう。

　上記の4つの英文にはコンマ以外にもう1つ不自然な点があります。

　4文とも接続詞を用いています。1つの文を接続詞で始めるのはよくありません。because を例にとって説明します。

　「部屋が大変散らかっていたので掃除しなければならなかった。」を because を使って英語にすると、

- ○　I had to clean my room because it was very messy.
- ○　Because my room was very messy, I had to clean it.
- ×　I had to clean my room. Because it was very messy.

3つ目の文の接続詞の使い方は、native speaker の小さな子どもにはよく見られることですが、大人がこのように書くと、とても拙い英語に見られますから注意しましょう。意味を強めるため、意図的に接続詞で始める事はありますが、避けた方が無難です。

それでは、1〜4の英語を自然な形に直しましょう。

1. I can't go *because* I have to work.

2. I need some money, *so* I have to find a job.

3. I'm not good at English, *but* I want to communicate with for-
   eigners.

4. I love California, *and* I want to live there in the future.

3 で、but の代わりに however を用いる場合は、

I'm not good at English. *However*, I want to communicate
with foreigners.

とします。however の意味は「しかし」ですが、品詞としては接
続詞ではなく、副詞なのでこのようになります。
　1 〜 4 以外にも、同じ意味を表す接続詞や接続詞的な語はたく
さんありますが、まずは、非常によく見られる 1 〜 4 の間違いを、
頭に入れておきましょう。

2-10

前置詞

　in や at, with, for, to などの前置詞は、日本語にないので、私た
ちにはやっかいな存在です。日本語を学んでいる外国人に、「は」
「が」「を」「に」「へ」などの助詞がやっかいなのと同じことです。
ここでは、初歩的なミスを紹介したいと思います。

　先ずは、次の 4 つの英文を読んで、間違いを訂正してください。

1. 昨年の夏に、TOEICのテスト勉強をしました。

In last summer I prepared for the TOEIC test.

2. 今週末に友人とバーベキューをする予定です。

I'm going to have a barbecue with my friends on this weekend.

3. 今度の日曜にユニバーサルスタジオジャパンに行くのが待ちきれません。

I can't wait to go to Universal Studios Japan on next Sunday.

4. 毎年大晦日に春日大社に行きます。

We visit Kasuga Shrine on every New Year's Eve.

> 前置詞の選択としては、「夏に」は in (the) summer, 「週末に」は on the weekend(s)、「日曜に」は on Sunday,「大晦日に」は on New Year's Eve なので、1〜4 も一見正しく見えるのですが、ここでは名詞の直前の言葉、last, this, next, every がポイントになります。このようにある特定の時や日を示す形容詞などがつくと、通常、前置詞は不要になります。

それでは、1〜4 を正しく書き直します。

1. *Last summer* I prepared for the TOEFL test.

2. I'm going to have a barbecue with my friends *this weekend.*

3. I can't wait to go to Universal Studios Japan *next Sunday*.

4. We visit Kasuga Shrine *every New Year's Eve*.

次に下の 5 と 6 を読んで、間違いを訂正してください。

5. 私の上司は私に金曜までにその報告書を仕上げるようにと
言いました。

My boss told me to finish the report until Friday.

6. 私は今日は 10 時まで残業しなければなりません。

I have to work overtime by ten o'clock tonight.

5 は「金曜まで」、6 は「10 時まで」、とそれぞれ「〜
まで」という意味を含んだ文ですが、5 の「〜まで」
と 6 の「〜まで」に意味の違いがあることに気づき
ましたか? until（till）も by も同じように「〜まで」
と覚えていませんか? 実は、until（till）は「〜まで
ずっと」という意味で、その時まである状態が継続す
ることを表すのに対して、by は「〜までには」とい
う意味で、その時までに、ある状態や動作が完了して
いることを指します。ですから、5 は報告書を仕上げ
ることを金曜までに完了していなければならないので、
by を用います。一方、6 では、残業を 10 時まで継続
していなければならないので、until（till）を用いる
ことになります。

　次の、（A）と（B）のそれぞれの空所に until（till）

では、5 と 6 の文を正しく書き直しましょう。

5. My boss told me to finish the report *by* Friday.

6. I have to work overtime *until / till* ten o'clock tonight.

では次に 7 〜 11 の英語を見て間違いを訂正してください。

7. 彼らとは 5 年来の知り合いです。

I've known them since five years.

「5 年来の」を別の日本語に置きかえると「この 5 年間の」とすることができます。その時の前置詞は for を使います。「2 時間」なら for two hours となります。

8. 検診の結果は 2 週間後にもらえます。

We'll get the results of the health check after two weeks.

今から「〜分（時間・日・週間など）後に」の「〜後」

を表す前置詞には in を使います。ですから、in two hours は「2時間内」ではなく「2時間後」という意味なのです。間違えやすいので気をつけましょう。

9. 学生の間に何か意味のあることをやっておきたいです。

I want to do something meaningful during I am a student.

during は前置詞です。前置詞の直後は名詞がきて、文がくることはありません。
ここでは、

I want to do something meaningful.

という文と

I am a student.

という文をつなぐわけですから、接続詞を用います。その接続詞の意味は「〜の間に」「〜の時に」ですから、while や when を用いることになります。

10. 彼は5時間その仕事を手伝ってくれました。

He helped me with the work during five hours.

during は「(ある特定の期間の)間じゅう、間に」という意味で、それが、どのくらいの長さかを示す語ではありません。10分間、1年間のように時間の長さを表す前置詞には for を使用します。

それでは、7〜10の英語を正しく書き直しましょう。

7. I've known them *for* five years.

8. We'll get the results of the health check *in* two weeks .

9. I want to do something meaningful *while* I am a student.

10. He helped me with the work *for* five hours.

　ここまでは、時を示す前置詞に関する間違いについてお話ししましたが、他にもよく間違えるものに場所を表す前置詞があります。時を表す前置詞に比べると、比較的、間違いは少ないようですが、注意すべきものがいくつかあります。

　11〜13の英語を見て、間違いを見抜くことができるでしょうか？

11. 私は、週末はたいてい早く家に帰ります。
　　I usually go to home early on the weekends.

12. もし時間があるなら、一緒にそこに行きましょう。
　　Let's go to there together if you have time.

13. 彼女はここに一時間前に着きました。
　　She arrived at here an hour ago.

11、12 どちらも、go to ......（〜に行く）を使っていますが、前置詞 to の直後には、名詞を置きます。11 の home には「家」という意味もありますが、「家に」「家へ」という副詞もあります。「家に帰る」と英語でいう時には、必ず副詞の home を使って、go home （家に帰る）という言い方をします。「いや、自分は名詞の home を使っているのだから、go to home でよいのだ」といくら主張しても、実際にそのような言い方はしませんので仕方ありません。もし、無理矢理に名詞の home を使うとしても、その時は、go to my home というように、home の前に the や my を置かなくてはなりませんが、これも、よほど、特別な状況でない限り、おかしな英語だと言えるでしょう。（151–152 ページ参照）

12 の there も副詞ですから、to が余計になります。

13 でも、同様のことが言えます。here は「ここに」「ここで」という副詞です。つまり、これも at が余分です。

では、11 〜 13 の英語を正しく直しましょう。

11. I usually go *home* early on the weekends.

12. Let's go *there* together if you have time.

13. She arrived *here* an hour ago.

さらに、前置詞の問題を続けます。次の4つの英文に関しては、いかがですか?

14. その建物は駅から近いです。

The building is close from the station.

> 英語で「近い（close）」を用いる時は、「駅から（from）近い」とは言いません。必ず「駅に（to）近い」という表現になります。

15. 電車の中で携帯電話で話をするのは迷惑です。

It is rude to talk on a cell phone when you are in the train.

> 電車やバスなど大きな乗り物の「中で」と言う時は、基本的にはonを用います。「自動車の中で」ならin a carで表します。

16. その道路沿いに、小さなカフェがあります。

There is a small cafe in that street.

> 正確には「道路の中」ではなく「その道路に面して」という意味なので、onを用います。

17. その事件のことを、昨日、新聞で読みました。

I read about that incident on the newspaper yesterday.

> 日本語に「紙上に」や「新聞に載る」という表現があるために、on the newspaper と言ってしまう人はかなり多いですが、英語では in を用います。「テレビで」は on television / on TV と言いますが、そのことも影響しているのかも知れません。

では、14 〜 17 を正しく書き直しましょう。

14. The building is *close to* the station.

15. It is rude to talk on a cell phone when you are *on the train*.

16. There is a small cafe *on* that street.

17. I read about the incident *in the newspaper* yesterday.

　前置詞には様々な使い方があります。ここまでは、「時」「場所」に関する使い方を紹介しました。他にも、たくさんの用法があります。
　次は、「〜を使って」「〜で」「〜によって」などの手段や方法等を表す前置詞に関する典型的な間違いです。

　18 〜 22 の前置詞を訂正してください。

18. 若い人たちは、スマートフォンでニュースを入手します。

Young people keep up with the news by smart phones.

19. 私はiPadでよく写真を撮ります。

I often take photos by my iPad.

> 「〜を使って」「〜で」の「〜」の部分が例えば「鉛筆
> で」「ナイフで」のような「道具」や「手段」の時には、
> withが基本です。

20. その会社は、良質で着心地のよい服を手頃な値段で提供
しています。

The company offers comfortable clothes of high quality with
reasonable prices.

> 「〜の値段で」の「〜」は道具ではなく、どの「数値で」
> どの「量で」を表しています。例えば「水は100℃
> で沸騰する。」「時速60km で走る」などの「で」と同
> 等のものです。これらは、withではなくatで示します。

21. 私たちは私の車でそこに行きました。

We went there by my car.

> 非常によく見られる間違いです。「車で」はby carで
> すが、carの前にはtheやmyなどは付けずに、無冠

詞で用います。もし、「私の車で」と言いたい時は、in my car としましょう。

22. その列車の事故で、多くの人が亡くなりました。

Many people were killed by the train accident.

この文は多くの人が「その事故において」「その事故の中で」亡くなったという意味で、事故が人を殺すという動作をしたのではありません。受動態の文で「A によって〜される」を by A とする時はAは動作の主体でなければなりません。

それでは、18〜22を正しく直しましょう。

18. Young people keep up with the news *with* smart phones.

19. I often take photos *with* my iPad.

20. The company offers comfortable clothes of high quality *at* reasonable prices.

21. We went *by* car. (We took my car.)

22. Many people were killed *in* the train accident.

次の２つの例を見てください。間違いに気づくことができますか？

23. 彼の兄は音楽の先生と結婚します。
   His brother is going to marry with a music teacher.

24. クラブのスケジュールについて明日話し合いをします。
   Tomorrow we're going to discuss about the club's schedule.

> 23 では「音楽の先生と」、24 では「スケジュールについて」という日本語のために、marry with や discuss about としてしまいがちですが、これらの動詞は２つとも他動詞で、前置詞を必要としません。よく見られる間違いなので気をつけましょう。

正解は下のようになります。

23. His brother is going to *marry* a music teacher.

24. Tomorrow we're going to *discuss* the club's schedule.

最後に、所有の表し方について、よくある間違いを紹介します。先ず、下の２つの例を見てください。

25. 弟の自転車が先週盗まれました。

The bicycle of my brother was stolen last week.

26. その映画のエンディングはとても悲しくて泣いてしまいました。

The movie's ending was so sad that I cried.

> 「ジェーンの家」や「その会社の資産」のように所有を表現する方法として、アポストロフィー（'）と of を用いる方法があります。どちらも使用可能なのか、あるいは、どちらか一方しか使用できないのか、というとそれは微妙な問題になりますが、基本的には、native speaker は人の場合には「'」を、そして人でないものの所有には of を使うと理解しておけばよいでしょう。つまり、「ジェーンの家」は Jane's house で、「その会社の資産」は the assets of the company となります。動物の場合はその中間で、「その犬の父親」は、the father of the dog でも the dog's father でも自然な英語に聞こえます。ただ、どちらかと言えば、生き物には「'」を使用する傾向が強く見られます。

それでは、25 と 26 を自然な英語に直しましょう。

25. *My brother's bicycle* was stolen last week.

26. *The ending of the movie* was so sad that I cried.

前置詞のマスターには忍耐が必要ですが、自分がよくしてしまうミスはノートに書き込み、時々見るようにしましょう。

2-11

よく見られる品詞の誤用法

　次に挙げる 7 つの例は、よく耳にする英語ですが、いずれも、品詞の使い方を間違えています。誤りを訂正してください。

1. その場所はとても不便です。
   The place is quite inconvenience.

2. 私の上司はとても優しい人です。
   My boss is very kindness.

3. 私の父は安全なドライバーです。
   My father is a safety driver.

4. 私は岐阜が好きです。とても自然の多い所です。
   I love Gifu. It is very nature.

　上記の英文はいずれも名詞を形容詞と思い込んで間違えた例です。また、名詞を動詞と勘違いして使用するケースもよく見かけます。例えば、

彼らは京都に行って有名な寺を見たいと思っている。

They want to trip to Kyoto and see the famous temples.

　この英文は、すでに 103 ページ（間違えやすい動詞）で、紹介しました。他にも同種の間違いとして how to diving（以前あるテレビの番組名でした）や how to living（私の家の近くにあるお店の看板です）などがあります。diving や living を動詞と思っているのか、それとも how to の後には名詞が来ると勘違いしているのかは定かではありませんが、不思議とよく見かける間違いなのでまねしないように注意してください。

　アメリカやイギリスでも時代の流れとともに名詞や形容詞が動詞として使用されるよう変化することはあります。例えば、最近では、"lunch（名詞）" を動詞として使用したり、"OK（形容詞）" を動詞として扱ったりすることもあります。

「来週一緒にランチしましょう」

Let's lunch next week.

「私はその文書を承認しました。」

I OK'ed the forms.

　しかし、何でもかんでも手当り次第にというわけにはいかないので注意が必要です。

　1 は inconvenience（不便さ）の代わりに inconvenient（不便な）を用います。2 は kindness ではなく kind（親切な）を用いましょう。3 もあちこちで見かける英語ですが、「安全運転」は safety

driving ではなく safe driving で、「安全なドライバー」も a safety driver ではなく a safe driver です。4 は単に nature を natural に変えるだけでは、「それはとても自然だ。」と言う意味の英文になってしまうので、ここでは少し工夫が必要です。

それでは、1 〜 4 の英語を正しい形に直しましょう。

1. The place is quite *inconvenient*.

2, She is a very *kind* teacher.

3. My father is a *safe* driver.

4. I love Gifu. It is very *green*. / *It has a lot of trees*.

2-12

文章の中での不適切な表現の使用

日本語では、その時の状況や話者の立場などによって、丁寧な表現、敬語、いわゆるタメ口など、細かく言葉を使い分けます。ところが英語にはこのような使い分けがないものと勘違いし、書き言葉には適さない表現で書く人が意外に多く見受けられます。

特に海外の滞在経験のある若い人達によくあることですが、過度にインフォーマルな英語を使う傾向があります。会話ならまだ

よいのですが、文章に表すのにくだけすぎた英語で書くと、native speaker には目障りな印象を与えます。これは映画や音楽の影響もあるのでしょう。以下にその例を示します。

1. 彼らの話を聞いて、私もそこに行きたくなった。
   From everything they said, I *wanna* go there, too.

2. 反対意見があったが、彼はやってみると言った。
   In spite of the opposition, he said that he's *gonna* try.

3. バングラデシュでは男は襟のついたシャツを好む。
   In Bangladesh, *guys* prefer shirts with collars.

4. 私たち4年生は就職活動などでとても忙しい。
   We seniors are so busy with job-hunting *stuff*.

5. 私たちはワークショップにいろいろな種類の物を持って来るよう言われた。
   We were told to bring many kinds of *stuff* to the workshop.

6. 多くの困難にもかかわらず、彼らは最後には意見が一致した。
   Even though they had *lots of* difficulties, they eventually reached a consensus.

7. この件は少し面倒だという点で多くの人の意見が一致している。

Many people agree that this is _kind of_ confusing.

　上記のイタリック体の英語は書き言葉には適しませんが、話し言葉では普通に使われます。日本人の中にはwannaやgonnaは間違った表現かあるいは過度にスラング的だと考える人も数多くいるようですが、実際、オバマ元大統領のインタビューなどでもwannaやgonnaは何度も出てきます。つまり、だれもが普通に使っている表現で別に悪い言葉ではありません。ただ、書き言葉には適さないのです。カジュアルな状況で、若い人達の間でのe-mailなどではwannaなどは普通に使用されていますが、non-native speakerが状況も判断せずに書き言葉で使用するのは極力避けたいものです。以下に、書き言葉における1〜7の正しい言い方をまとめておきます。

	好ましくない	正しい表現
1	_wanna_	want to
2	_gonna_	going to
3	_guys_	males; men
4	_stuff_	activities
5	_stuff_	items; things
6	_lots of_	a lot of; many; numerous
7	_kind of (sort of)_	rather; somewhat

　最後に、いわゆるswear words（ののしり語）について述べたいと思います。swear wordsは映画、テレビそして音楽などで頻繁に使用されていて、多くの日本人に誤ったメッセージが伝わっているようです。ゴールデンタイム番組（prime time television shows）の中でも、"Shit", "Damn!" や、さらにひどい言葉も平気で繰り返し出てきます。しかし、non-native speaker が心得ておくべきことは、それが、性的な言葉にしろ、身体的な言葉にしろ、あるいは宗教的な言葉にしろ、その言葉を耳にして不快感を示す native speaker が数多くいるということです。"Oh, my God!" も日本人がよく口にする言葉ですが、これにも不快感を示す native speaker たちはかなりいます。やはり swear words の使用は避けた方が安全です。

native speaker の中には swear words の使用を避けようとして、それとよく似た婉曲的な表現を用いることがよくあります。言語とジェンダーの関係に注目した最初の言語学者の一人である Robin Lakoff 氏は彼女の 1975 年の著書 *Language and Women's Place* の中で、このような婉曲的表現は女性に特有だとしました。時代も変わり swear words を使用する女性はかなり増えていますが、一方で婉曲表現も多く使用されているのも現状です。それらは swear words と音の響きが似ていて、どの swear words の代替なのか分かりやすく、しかし swear words ではないという理由で使いやすいようです。例えば以下のような表現があります。

1. What the *heck* are you doing here?
   いったい君はここで何をしてるんだ？

2. *Darn!* We're going to be late for the show.
   こんちきしょう、映画（芝居）に遅れるじゃないか。

3. Oh, *shoot!* I brought the wrong book.
   しまった！違う本を持ってきてしまった。

文章の中での不適切な表現の使用

177

1 と 2 は宗教的な swear words の hell と damn、3 は排便にかかわる swear words の shit の言いかえです。

　non-native speaker の日本人は上記の表現は、くだけた雰囲気の場では使用しても許容範囲内と思われますが、使用には注意が必要です。

AFTERWORD

It is my sincere wish that every reader of this book discover within these pages something new and interesting about the English language. Language lovers, regardless of their level of skill, are very lucky people in one sense: language learning is indeed a lifelong challenge. Aiming for perfection is a high ideal, but learning to enjoy language with all of its irregularities and twists and turns (and English has many) should be a source of joy.

It may be of interest to the Japanese readers of this book to hear what most surprised the native English speakers who helped me in putting it together. Do you care to guess? To be sure, many long-term residents at some point begin to question their "native speaker intuition"—the ability to determine what is good, natural English and what is not. Some of the expressions cited in this book are so common among Japanese speakers of English that they become the new normal for native English-speaking residents. I occasionally hear myself using "cooler" and "stove" with their Japanese meanings. "Free size" is another expression I catch myself saying from time to time—even when I'm back in the U.S.

Let's get to the answer. The entry that surprised the most native speakers was "celebrity" / "セレブ" (see p.30). A number of the most fully bilingual people I know were not aware of the difference in meaning of this pair of words. How did we not pick up on that years ago?

So there you have it. May your journey with English –"serious", but not overly so –bring you much joy. Happy learning!

山根キャサリン（やまね・きゃさりん）

1956 年、アメリカ・ニューヨーク州生まれ。米国ニューヨーク州立大学文学部学士（言語学、仏文学）の学位取得。一年間仏国ソルボンヌ大学留学。米国・コーネル大学大学院言語学修士課程修了。1987 〜 2012 年英知大学（St. Thomas University）文学部専任講師・助教授・教授。現在奈良大学文学部教授。専門分野・研究テーマは、社会言語学（特に言語の多様性）と語学教育。
A Study of Womanist Discourse in Cynthia Bond's *Ruby*『奈良大学紀要』2018 年、アメリカの ABC ニュースを基にした ABC World News（金星堂出版）シリーズ、その他、大学生向きテキスト 30 冊執筆。

シリーズ監修　赤野一郎・内田聖二

ちょっとまじめに英語を学ぶシリーズ 2

Native Speaker にちょっと気になる日本人の英語

Sounding Natural in English
Kathleen Yamane　Translated by Kenji Yamane

発行	2019 年 2 月 20 日　初版 1 刷
定価	1600 円＋税
著者	山根キャサリン
訳者	山根建二
発行者	松本功
ブックデザイン	小川順子
印刷・製本所	株式会社シナノ
発行所	株式会社ひつじ書房
	〒112-0011 東京都文京区千石 2-1-2 大和ビル 2 階
	Tel.03-5319-4916　Fax.03-5319-4917
	郵便振替 00120-8-142852
	toiawase@hituzi.co.jp　http://www.hituzi.co.jp/
	ISBN978-4-89476-859-8

ちょっとまじめに英語を学ぶシリーズ 1

英語辞書マイスターへの道

関山健治著

定価 1,600 円＋税

　まじめな英語学習は「辞書に始まり、辞書に終わる」。誰もが辞書を持っているのに、ほとんどの人は「知らない単語の意味を調べる」ためにしか使っていない。本書では、紙の辞書はもちろん、電子辞書、スマートフォンの辞書アプリなど、最新の辞書メディアも含めた辞書の活用法を、練習問題を解きながら身につける。語源欄の読み方、英語母語話者向けの英英辞典や類義語辞典の読み方など、従来の辞書活用書にはあまり見られない辞書の使い方も満載。